创业陷阱

在商学院中学不到的知识

［美］里兹万 · 维尔克（Rizwan Virk）◎著
刘晓平◎译

Startup Myths and Models:

What You Won't Learn in Business School

中国科学技术出版社
·北　京·

北京市版权局著作权合同登记 图字：01-2022-5721。

图书在版编目（CIP）数据

创业陷阱：在商学院中学不到的知识 /（美）里兹万·维尔克（Rizwan Virk）著；刘晓平译 .—北京：中国科学技术出版社，2023.5

书名原文：Startup Myths and Models: What You Won't Learn in Business School

ISBN 978-7-5046-9978-7

Ⅰ .①创… Ⅱ .①里… ②刘… Ⅲ .①企业管理 Ⅳ .① F272

中国国家版本馆 CIP 数据核字（2023）第 060435 号

策划编辑	杜凡如 李 卫	**责任编辑**	庞冰心
封面设计	仙境设计	**版式设计**	蚂蚁设计
责任校对	焦 宁	**责任印制**	李晓霖

出　　版	中国科学技术出版社
发　　行	中国科学技术出版社有限公司发行部
地　　址	北京市海淀区中关村南大街 16 号
邮　　编	100081
发行电话	010-62173865
传　　真	010-62173081
网　　址	http://www.cspbooks.com.cn

开　　本	710mm × 1000mm 1/16
字　　数	247 千字
印　　张	18
版　　次	2023 年 5 月第 1 版
印　　次	2023 年 5 月第 1 次印刷
印　　刷	北京盛通印刷股份有限公司
书　　号	ISBN 978-7-5046-9978-7/F · 1126
定　　价	69.00 元

目录

CONTENTS

绪论

理解建议背后的深意

要是我在创办第一家公司时就有一本能够指点我的书，我就能少走很多弯路了。即使现在，我依旧认为在创办第二家和第三家公司时，我应该拥有这样一本书。

虽然我们每次的创业经历都不同，但公司成长所面临的挑战是相似的。通常，这些挑战不仅来自外部，它还存在于我们内心，并且反映在我们听到的、了解到的一切有关创业公司的运作问题中。

本书讲述的挑战，是每一位正踏上创业旅途的创业者都需要面对的。具体来说，本书所关注的，就是面对外部挑战，如何做出自身的回应。而每种回应的方法，都会以“建议”的方式呈现——一套在创业圈反复讨论的经验法则。它让人渴望付诸实践，但实际上，这种建议就是心理陷阱。

下面是关于这些所谓建议的例子：

（1）你必须建立一家价值10亿美元的公司。

（2）聘用最有经验的人。

（3）尽量少（或尽量多）筹款。

（4）专注、专注、专注。

（5）快速失败，快速调整方向。

很显然，这些建议似乎对所有创业公司来说都很有意义。是这样吗？错！这只是一些普通的认知而已，本书将对此予以揭示。

这些建议代表的只是普通的大众认知，它会在创业历险的关键时间节点上，让你深陷两难之中（是否要募资、与谁一起创业、聘用谁、解雇谁、是否以及何时出售公司，等等）。如果你仅是简单地遵循经验法则，而没理解它们的内涵，那么你会发现，这些建议将使你身受其害。

创业之地的建议与模型

这些所谓的建议在创业之地盛行，只是硅谷的神话版本。有众多博客、成功人士与成功案例为之提供了支持，并将其包装并传递给全世界。

创业之地的出现，同时带来了一个又一个与之相关的神话，其中有传奇英雄（如谷歌的创始人、脸书的创始人、苹果的创始人），还有反派（贪婪的风险资本家、不道德的创始人）以及围绕这些创业故事主角涌现出的具有多彩经历的各色人物。

创业之地实际上是由一个围绕硅谷发展起来的生态系统组成：大量的风险资本家、天使投资人、创业者、律师、管理人员、会计师，还有无数的咨询师、顾问、导师汇聚在同一个地方。如同那些美好历险中的主人公一样，你在创业之地会得到各色当地居民的帮助，这种帮助可能是你前行路上的一把助推器，也可能会拖你的后腿。很多人看起来是来帮忙的，但更多的是为了他们自身隐藏着的目的。

现在，创业之地早已超过了硅谷的地理界限，包括波士顿、纽约、奥斯汀、洛杉矶、西雅图等。并且，欧洲和亚洲的许多国家也正试图构建他们自己版本的创业之地，并复制创新力和活力。在这个进程中，他们更多地融合了硅谷的传奇、神话和哲学，同时也保持了当地的文化色彩。

与神话伴生的虚幻，一方面带来了“群体思维”（每个人都能说出相同的陈词滥调）；另一方面，也出现了完全矛盾的忠告。举一个简单的例子，这里有两条我听过（准确地说是被告知）的建议：“尽可能少募资”和“尽可能多募资”。

其实，如何运作创业公司，还真没有现成的模型可用。下文中我们将谈及创业模型，以及在需要做出那种贯穿整个创业过程的重大决定时，模型如何帮助创业之地的各色人物做出批判性思考。如果存在如何运作创业公司的理论模型，并且这种理论模型被以往的实际经验所验证，那么就可能根据这些模型去评价书中的这些建议。你可能认为，在创业盛行的今天，商学院应该会教授这些重要的课程，但他们没有。

那么，刚迈出第一步的创业者该如何去做呢?

哈佛商学院和斯坦福大学商学院不会教你的策略

在20世纪80年代的流行文化中，人们普遍认为哈佛商学院（Harvard Business School, HBS）是商业思想的最高殿堂，许多雄心勃勃的未来商业人士都想到那里深造（这不是一件容易的事，因为录取比例只有10%）。那些想在商界取得成功的人，想要借助哈佛商学院校友网络和课程的力量，成为行业的下一个领军人物，管理着如通用汽车、通用电气或埃克森美孚等在当时全世界最有价值公司的一个部门［并最终成为首席执行官（CEO）］。

20世纪80年代的人们，另一个雄心壮志是进入华尔街，成为金融奇才［如同那个时代奥利弗·斯通所导演的电影《华尔街》（*Wall Street*）中的那样］。

结果就是，大部分商学院的课程都是为了实现下列目标之一而设计的：培养《财富》杂志上排名前1000公司的经理人；培养华尔街金融奇才（交易员或基金经理）。

即使以此为目标，这些商学院通常也不能教给你必须了解的商业行为的每个细节。作为那个时代的标志性书籍，1984年出版的、由马克·麦考梅克

（*Mark Mclormack*）所著的《哈佛商学院不会教你的商业策略》（*What They Don't Teach You at Harvard Business School*）一书，讲述了在课堂环境中难以传授，只有从实际经验中才能获取的管理知识，因此它也成了一本国际畅销书。

快进到今天。不仅今天那些最有价值的公司已经完全不同以往，就连雄心勃勃的下一代商业领袖也是如此。

今天世界上最有价值（市值最大）的公司都是科技公司——苹果、亚马逊、微软、脸书（已更名为“元宇宙”）、谷歌。它们中的一些，已经成为历史上第一次出现的市值超过万亿（美元）的公司。这些公司在创业之初，也是经历了本书所述的创业旅程的每一个阶段。他们都要募资，招募合作伙伴，找到合适的产品和市场，在公司的每一阶段决定是否出售公司。

而如今，那些雄心勃勃的商业人士，不再立志成为诸如杰克·韦尔奇（Jack Welch）、李·艾柯卡（Lee Iacocca）或艾尔弗雷德·斯隆（Alfred Sloan），而是要做下一个马克·扎克伯格（Mark Zuckerberg，脸书创始人）或埃隆·马斯克（Elon Musk，特斯拉和太空探索技术公司创始人）。

如果说创业之地的心脏是硅谷（即使你并不身处那里），那么硅谷的心脏就是斯坦福大学。科技创业最集中的区域就建在顶尖的科学技术大学旁，包括惠普、谷歌、雅虎。同时，还有众多的创业公司都得到了斯坦福大学的支持；甚至很多总部位于西雅图的公司，如微软、亚马逊，也从硅谷和斯坦福大学商学院（又称斯坦福GSB）招募大量人才。

作为时代变迁的一个标志，今天的斯坦福大学商学院已经取代了哈佛商学院成为美国商学院的首选（只有6%的录取率）。如果你想要学习那些为未来全世界最具价值的公司创始人量身定制的课程，并拥有相应的校友网络，斯坦福大学商学院就是理想之所。在我进入另一所伟大的大学——麻省理工学院取得学士学位后，我搬到了硅谷，去了斯坦福大学商学院，我可以证明其校友网络对于创业公司和风险投资而言，绝对是非常关键的。

虽然，在斯坦福大学商学院我发现有很多关于创业的课程（许多毕业生会选择建立公司或者从事风险投资），但令人吃惊的是，我发现创业并不是最受关注的选项。即使在这个硅谷的心脏，斯坦福大学商学院更多的课程还是更适合培养《财富》排名前1000公司的经理人或金融人才。

我想把本书打造成一本经典著作，用以教授那些只有从实践中才能得到的真传，并在本书与斯坦福大学商学院在创业之地的核心地位之间做一种折中。

为此，本书中那些创业建议、创业模型和创业工具就相当于工商管理硕士（MBA）的入门课程——绝对是你在任何教室里都无法学到的秘密和课程。

不要轻信任何建议：找到真相的核心

让我们从构成本书基础的这些建议开始。我之所以愿意在最初创办企业时就拥有这本书，是因为本书呈现的这些建议不是时时刻刻都正确的，这也意味着，它们在其他时间内可能是错误的。

建议有时掩盖了事物的复杂性，而这种复杂性，不仅在于了解你的创业公司，还要了解创业市场总体上是如何发展和变化的。如果你仅仅简单地遵循经验法则而没有了解它潜在的复杂性，这不仅会导致自己做出错误的决定，还会使公司倒闭。复杂性也会掩盖建议本身的真相的核心。而通过本书，你将能够使用隐藏在每一个建议背后的秘密，直接萃取真相的核心，并学会如何把它应用在你自己的情景之中。

举例来说，我们在创业旅程中提到一个忠告“陷阱 11：专注、专注、专注”。对于这个忠告，我们通常理所当然地认为是正确的，但我却发现许多创业公司因此错失了本可能拥有的巨大市场机会，原因就是这个忠告中提及了专注，限制了他们的视野，使之不能与他们所要达成的目标相匹配。

我也看到许多其他成功的创业公司并不是靠专注从平庸走向杰出的。相反，他们是靠保持开放、倾听、观察，抓住每个不像机会的机会，而不是听从风险投资人的建议——“专注、专注、专注”（他们没有太过“专注”反而是件好事）。

而从另一个角度讲，创业公司又需要通过“专注”去取得成功。真正的诀窍是，他们知道什么时候、对于什么事，你必须“专注”。揭开这个建议背后的秘密，你会发现，它是**专注、探索、专注**。想要在别人失败的地方取得成功，你就必须学会如何在你所处的独一无二的环境中运用这隐含在建议背后的秘密。

如何遵循建议

我们会发现，这些建议并不是简单的“做”与“不做”的问题，相反，本书中的每一个建议都浓缩了一个观点，作为创业者，我们很容易从中找到自己（对投资者也是如此）。

如果我们盲目地遵循这些观点，我们也将陷入困境。隐含在这些建议背后的秘密是如何用不同的思路去思考困境。这样持续思考，你就能成功地应对特殊的挑战，并愉快地继续你的创业之旅。

如何转变观念？在所有成功的创业之旅中，你都要有优秀的导师一路相随。比尔博·巴金斯（Bilbo Baggins）需要甘道夫（Gandalf）（《指环王》中的人物，甘道夫给予比尔博·巴金斯帮助与教导），卢克·天行者（Luke Skywalker）需要欧比旺·克诺比（Obi-Wan keobi）（《星球大战》中的人物）。

好的导师可以是顾问、董事会成员，也可以是投资者，他会透彻地看待问题，并告知你他所知道的秘密。更重要的是，好的导师对创业公司应该如何运作有非常敏锐的直觉。这些直觉通常都浓缩在思维模式中，他会教你如何应用。但这样的导师并不好找，不同于神话创业旅程中导师会及时出现，在现实生活中，在正确的时间找到一个正确的导师是一件极具挑战性的事。

而本书就扮演了这样的导师角色。在你的创业之旅中，它会一直陪伴你，向你揭示建议背后的秘密，以便你能在创业历险中避开那些突然出现的各种妖魔鬼怪。

但也不要只听信我的话。本书归纳的建议（以及其隐含的秘密）是通过对来自硅谷和其他地区的众多的创业者、天使投资人、律师和风险资本家（专家）的采访精选而得来的。

两个实用的创业模型

除建议本身之外，本书还将介绍为数不多的几种创业模型和创业公式，它们将帮助你理解每个建议中的经验教训。

当我还在斯坦福大学商学院就读时，我就学习了许多关于经济和金融运行的模型。令我非常感兴趣的是供应和需求曲线。经济学家用它们来分析宏观和微观经济。不同于基于精准数字的金融公式，这些模型提供了认识经济世界的各种不同方法，在商品市场分析和资金市场分析中有同等的应用，同时还揭示了如何在供给和需求间创建一个平衡点。

我的教授曾告诉我，曲线所展示的趋势是极其重要的，它帮助我们了解一个特定市场的未来走势，帮助我们勾画出事物未来的变化形态。

我感到非常遗憾的是，现在还没有一套有关创业公司的正式模型，用以帮助创业者和投资人预测未来会发生的状况，不仅是针对一家创业公司，而是对整个市场。

本书中的创业模型是关于认识创业公司和创业市场的一个概念框架，它描述了创业市场与成熟市场遵循着不同的规则这一事实。它们分为两类模型：

（1）创业市场生命周期模型。这个模型融汇了我对创业市场如何演化的观察，这基于我在超过25年创业和投资创业公司经历中的所见所闻。不同创业市场的演变过程，都有着非常相似的阶段。这些阶段不仅是理论上的。投资人和收购方依据对公司直观的估值向公司投资，市场所处的发展阶段不同，对公司投入的资金就会有天壤之别。许多建议（对应使创业者做出错误的决定）都源自对模型的不了解以及对特定市场在模型中所处的位置不了解。

（2）创业挑战的心理模型。这些模型可能帮助你思考那些创业经验的不同方面，包括聘用、解雇、转型乃至出售公司。这些模型中包含两个例子，一个是转型四象限，一个是聘用四象限。这些模型中，有许多已经由顾问、投资人传授给了创业者，我就是从我的创业导师那里学到这些模型的，其他的模型，我把它们融入创业者辅导教程，用来阐述创业者如何认识当下快速变化的创业市场。

必须钻研的创业工具

除了创业模型，许多章节还包含创业工具——清单和你需要回答的问题，这些可以帮助你了解公司在创建之初和成长过程中各个重要方面的优先项和可能出现的偏差。

例如，创业工具1：创始人动机优先级，以及创业工具2：揭示创始人期望，这些都可以用来探究每一位联合创始人在创业历险过程中的创业动机和隐含的希望值。

这些工具不仅是学术上的核对清单，使用工具还可能会促使你调整创业方向，甚至还会导致许多不同的结果产生：创业团队的凝聚或分道扬镳，或者在一次收购中带来数百万美元的差额。我最近创立了位于麻省理工学院（麻省理工）的创业加速器Play Labs（游戏试验室），在这一过程中，我运用了这些工具，并根据我与创业者共同工作的经验，对其进行了完善。

本书的构思：英雄之旅

美国著名文学教授卡尔·荣格（Carl Jung）的学生约瑟夫·坎贝尔（Joseph Campbell），分析了不同文化背景下的众多神话和英雄史诗。他发现，虽然没有任何两个历险故事是完全相同的，但这些神话中的所有英雄在他们的旅程中，都经历了相似的阶段，并面临过相似的挑战。他在《千面英雄》（*The Hero with a Thousand Faces*）一书中概述了这些阶段，将这些阶段称之为“英雄之旅”。这是了解历险故事的一个了不起的方法。在今天的历险故事中，这些英雄之旅又有了新的展示方式，如《星球大战》《指环王》。

我一直认为，创业之旅就像一场历险故事。与其他优秀的历险故事一样，没有任何两个创业之旅是完全相同的。但英雄们可能会经历相似的阶段并面临相似的挑战。

如古老神话中所有优秀的探险家一样，每一个创业者都必须在不同的阶段找到他们自己的路。如所有优秀的历险故事一样，会有各类有丰富多彩经历的人物加入英雄的旅途，有人在那里提供帮助，有人在那里制造障碍，还有一些人怀有不可告人的动机。

因此，我选择将英雄之旅的各个阶段改编成创业之旅中最常见的阶段来撰写本书，这样就能使阅读、消化书中的所谓建议变得更加容易。

（1）历险的召唤：创建公司的陷阱。

（2）为旅途加油：募集资金的陷阱。

（3）旅行的同伴：聘用和管理的陷阱。

（4）试炼之路：进入市场的陷阱。

（5）收获宝藏：退出公司的陷阱。

（6）地狱与归来：创业生死的陷阱。

这本书源自我本人作为创业者的自身经验，根据对自己参与过的无数创业公司的投资以及咨询工作的总结，根据与硅谷顶级风险资本家、天使投资人、创业者们的讨论（我为撰写此书而特地采访了专家），在本书的每一个阶段，我都选出了几个顶级建议。除非注释中另有说明，否则本书中对这些专家的所有引述，均来自我对他们的直接采访，或引述自其著作。专家们的建议都会标注在主要建议的文本和注释之后。

最大的创业神话

除了这些独立的神话之外，还有一个关于创业公司的、无与伦比的神话在创业之地内外广泛流传。我们通常会在新闻报道中听到这样的说法，即正因为那些杰出的人物，并且正是因为他们的成功，创业公司才变得举世闻名，如微软、苹果、甲骨文、谷歌、脸书。所以“最大的创业神话”就是：

（1）创业者想出一个好主意，然后从公司辞职。

（2）投资者相信创业者的想法并投资。

（3）小团队快速研发产品。

（4）产品发布并获得巨大成功。

（5）公司年复一年地直线增长。

当然，此后不久，企业进行了首次公开募股（IPO）或被收购，结果，每个人都赚得盆满钵满，心宽体胖，富有并快乐着！

你将会注意到，这些现代神话缺少了一些英雄之旅的关键要素，即所谓的消极要素：拒绝召唤（英雄拒绝历险）、试炼之路（英雄必须杀死怪物或克服严峻的困难），以及地狱之旅（英雄将面对死亡并脱胎换骨成为另一个人）。忽略这些充满挑战的时刻也许是最大的神话。本书所述的就是关于如何应对这些困难阶段的故事。

笔者的创业之旅

我上商学院之前就创办了第一家公司。20世纪90年代，我从麻省理工学院毕业，那正好是互联网革命的前夜。作为应届毕业生，我与我的大学室友米奇和我的兄弟伊凡共同创立了第一家创业公司。这时的我，当然相信这个“大创业神话”。开始的时候，我们不需要任何外部的投资，并且，在几个月内就生产出了自己的产品。

起初，一切似乎都按着计划行进。我们发布了产品，并取得了巨大的成功。所有的计算机杂志都在报道我们，采购的需求已经超出了我们的供货能力。最重要的是，超过1000家计算机公司采用了我们公司的第一个产品，包括微软公司的程序设计语言（Visual Basic）和莲花发展公司（后简称“莲花公司”）的Lotus Notes①（后来成为IBM的一部分）。

风险投资仿佛嗅到了什么，而我们却认为公司正处在增长曲线中的上升阶段，如图0-1左侧线条所展示的那样。但随后，作为创业之旅中不可避免的过程，我们开始面对试炼之路。市场发生了变化，我们增长的速度大大低

① 世界领先的企业级通信、协同工作平台。——编者注

于此前（过于）乐观的估计。同时，公司烧钱的速度却加快了，我们突然面临资金耗尽的危险，开始面对自己创业公司的倒闭，面对我们个人的地狱之旅。

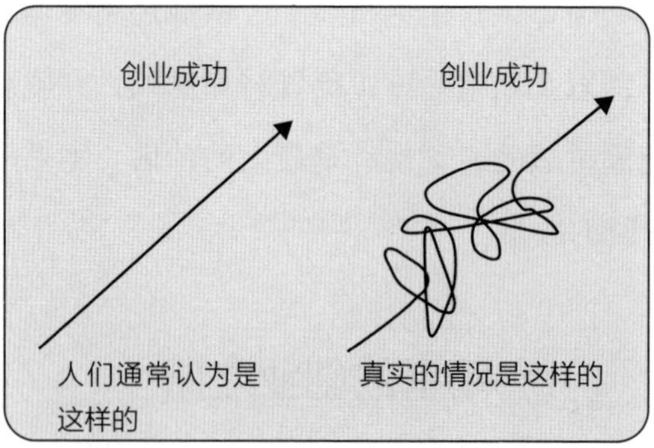

图0-1　实现成功的网络模型

那时我才意识到，任何一个真实的创业之旅，都更像图0-1右侧的箭头所展示的——有许多意想不到的曲折。

此后，我继续创立我的各类公司，包括企业软件公司和直接面向消费者的公司。其中一些后来成功出售了，有一些则失败了。具有讽刺意味的是，我从失败中学到了同样多的东西（如果不是更多的话）。正是由于多年来看到了同样的经验教训在不同的市场、适用于不同的创业者，我才开始构思本书。

特别是随着2008年发布的智能手机iPhone所开启的手机游戏革命，我开始认真审视我曾参与过的、以前的创业市场模式。我开始观察创业市场如何以相似的方式演变，并且学会了如何在这一浪潮中冲浪。我和我的联合创始人（还是米奇和伊凡）在苹果iTunes应用商店①刚刚出现的时候就开发了当时顶级游戏之一——《欢乐水族箱》，其下载量超过3000万。而后，我继续投

① 由苹果电脑营运的音乐商店。——编者注

资了许多创业公司，其中包括一些市值达到数十亿美元的创业公司，以及其他一些看起来很成功，但最终都没能躲过“地狱之旅”并意外倒闭的创业公司。

几年后，我发现自己给许多初次创业（有时是重复的）的创业者教授的是相同的课程，都是我在创业旅程中学到的相同的经验教训——关于创建公司、衡量市场、发布产品、建立组织并出售创业公司。

在这之后，我回到了麻省理工学院，建立了自己的创业加速器Play Labs，这样便能与一群创业者合作。他们中的许多人是第一次踏上创业旅途。与此同时，我测试了本书中提到的方法。

关于创业的残酷事实是，大多数创业公司都失败了，甚至其中一些企业已经成功地走过了自己的“试炼之路”，但还是走上了“地狱之旅”。通过用创业模型、创业工具和隐含在每个创业建议背后的秘密武装自己，你就可以从许多与你有相同经历的人那里吸取成功的经验和失败的教训，从而使自己在创业历险中立于不败之地。

如何使用本书

我决定写本书来囊括我在多个创业市场和众多创业历险中学到的经验及教训。我认为总结这些经验和教训的最佳方法不是套用一套死板的规则，而是阐释清楚本书中所呈现的创业陷阱和模型。你所知道的有关创业公司的任何规则都需要根据具体情况（市场的阶段、公司的阶段）进行调整，即创业之地中的任何规则都必须根据每个创始团队的优势和劣势进行调整，你可能对此感到惊讶。

在古希腊神话故事中，奥德修斯（Odysseus）和赫拉克勒斯（Hercules）都以“特洛伊的洗劫者”著称。他们每个人的优势不同——奥德修斯通过计谋，使用特洛伊木马获得成功；而拥有超人力量的赫拉克勒斯，只是用他的大棒击败特洛伊人就使其屈服（这一事件发生后过了很久，荷马创作了《伊利亚特》，荷马在该作品中对此做了简要介绍）。

有时要真正理解建议背后的秘密，你必须真正地消化、理解至少一种本书所介绍的创业模型。本书介绍的陷阱、模型和工具将帮助你在创业过程中根据自己的强项和弱点为你找到最佳解决方案。

你可以一口气读完本书（因为要消化的东西很多，所以我不建议这样做），也可以将书放在书架上，当你和一同历险的同伴到达旅程的特定阶段时将其取出，一同阅读。

我还没有见过任何一个创业者在创业旅程将要结束的时候还没有任何改变。就像《指环王》中的佛罗多和山姆卫斯（更不用说梅里和皮平）一样，你将作为一位更聪明、更强大的人回到自己的夏尔郡，准备将学到的知识运用到自己中土世界[①]的各个角落。

当你听到“历险的召唤”而没有拒绝时，我会为你喝彩。祝你的旅途富有成果、鼓舞人心并改变你的人生！

---

① 小说《魔戒》中的虚拟地名。——编者注

第一阶段 历险的召唤：创建公司的陷阱

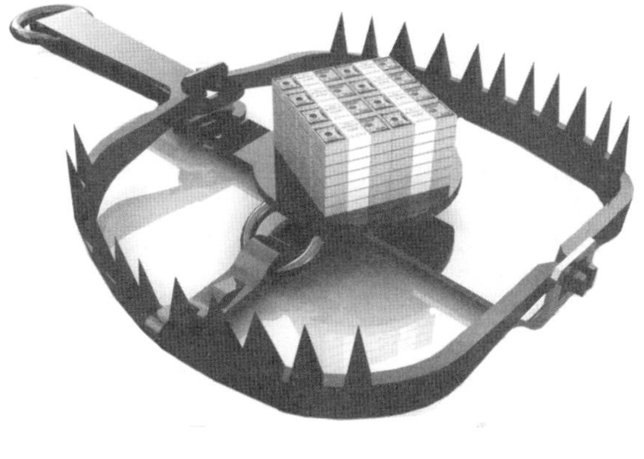

英雄可以凭借自己的意志力，完成历险……他可能被某种善意或恶意的力量送往异域，在愤怒的海神波塞冬之风的驱策下，在地中海上漂流。历险开始时可能仅仅是一个失误，就像童话故事里的公主不小心掉落了金球，或者英雄可能在毫无目的地漫步时，被某种现象吸引，受到诱惑偏离了人们常走的道路。

——约瑟夫 · 坎贝尔

跨越阈限：从这一刻起，英雄实际上正式离开了他自己的已知世界，跨入了充满未知和危险的历险王国。在这里，法则和界限都是未知的。

——约瑟夫 · 坎贝尔

第一阶段概述

像许多历险神话一样，创业者之旅的第一阶段可能充满兴奋或怀疑和不确定性。它更可能包括所有这些情感。有多少创业公司，就有多少创业故事。有时，创业就是创业者的灵机一动。怪物网（Monster.com）的创始人杰夫·泰勒（Jeff Taylor），在深夜里梦见了新的求职网站。醒来后，勾勒出了他所看到的每一屏画面，这成为他研发产品的开始。

更有可能的是，随着时间的推移，你的创业历险慢慢地逼近了，也许完全出人意料地出现了，就如同比尔博·巴金斯一样。当时，不期而至的巫师甘道夫带着12个小矮人来到他家，一场意外的聚会开始了。他发现自己正处在一场“历险”之中，这是他最不想经历的事！

在一些情形下，就像我的第一次创业，你可能会看到一个你的老板并没在意的机会，但对你而言，意义非凡。这个过程揭示了许多创业历险是如何开始的。当我为自己的第一家创业公司构思产品时，我正在莲花公司（后来成为IBM的一部分）就职。我在那里所做的工作使我确信，微软和莲花公司的产品之间需要架起一座桥梁。由于莲花公司并不想抓住这个机会，所以我说服室友与我一起创办公司，在短短几个月内，就有超过一千家公司使用了我们的产品！

就我在互联网繁荣时期共同创立的服务指标公司（Service Metrics）而言，拉贾特·巴尔加瓦（Rajat Bhargava）在创办第一家创业公司net.Genesis时就想到了这个点子。但是该公司决定不采用这个想法，因此拉贾特另寻办法由另一个独立的公司推出产品。

有时会有大客户、赞助商或投资者来电话。这与《夺宝奇兵》系列电影中发生的情节没什么两样，即政府官员要求我们的科研英雄去历险。在创业之地，这通常以客户要求你为他们设计产品的形式出现，然后你意识到可以将其应用于众多的其他客户。或是另一种形式，即以风险资本或投资者招募团队成员，对他们无法抗拒的机会进行攻关的方式出现。

然而，历险的召唤来了，约瑟夫·坎贝尔发现“拒绝召唤”是其中的主旋律之一，这在许多古代神话历险中非常常见，今天依然很常见。当甘道夫第一次问他时，比尔博·巴金斯拒绝历险，并说到，历险一定会使他“赶不上晚餐”①，这是霍比特人（也是大公司的许多雇员）万万不能接受的！

在这些神话故事中，拒绝召唤之后，主人公常常被迫“跨越阈限”开始历险。卢克·天行者最初也拒绝历险之行，他告诉欧比旺·克诺比，他无法跟着他去阿尔德兰开始拯救公主的“该死的傻瓜”之旅。但就如经常发生的情况一样，当帝国突击队员最终谋杀了卢克的家人时，命运发出了呼唤，卢克“别无选择”，只能和本一起去。就这样，最著名的《星球大战》开始了，并成为有史以来最著名的历险之一。

在创业的世界里也是如此，有很多理由“拒绝”历险的召唤，其中大多数与风险有关。任何有抵押贷款的人都知道，一旦突然发现自己没有薪水、没有办公室可以工作、没有老板，那就如同从悬崖峭壁跌入深渊。或者，像比尔博·巴金斯一样，你可能只是不想“赶不上晚餐”！

但是大多数创业者就如同古老故事中的英雄一样，尽管他们最初会有抵触，但命运还是将他们带入历险之旅。他们发现自己在“跨越阈限”的那一刻起，超越了他们已知的安全世界，进入了一个全新的世界。无论最终能否获得真正的宝藏，大多数创业者都很高兴能踏上旅途。

在第一阶段，我们将探讨一些常见的挑战和错误概念，阐明创业者为什

① 指无法享受安逸生活。——编者注

么要或应该（或不要或不应该）追求创业理想。这包括机遇有多大、你是否必须首先进入市场、应该（或不应该）与谁共同创办公司，以及现在或以后投身特定的创业市场是否有意义。

我们还将探索由多个联合创始人形成的复杂的创业动机。当不同的团队成员具有不同的价值、预期和对结果的希望时，团队就有在历险中的某个时候分崩离析的可能，这通常会导致友谊和人际关系破裂。虽然我们不能保证你的创业团队不会在某一天解散，但也不一定非要如此。如果每个人事先都清楚自己的动机，那么由此而陷入危机的可能性就大大降低了。

在本章中，我们将介绍最重要的模型——创业模型1：创业市场生命周期，它有助于指导你的整个创业历险。该模型是基于我25年来观察多个新兴市场的发展所获的心得，使其成为一个有用的框架，并使原本令人头痛的决策过程变得更为理性和更容易理解。你应不应该进入市场？应不应该募集风险投资？应不应该出售公司？尽管在此阶段，我们将使用该模型来了解进入创业市场的复杂性，但我们将在随后的章节中进一步完善该模型，以深入了解创业旅程的后期阶段。

如果你正在阅读本文，并打算建立你的第一家创业公司，或者你已经有了创业公司，或者正在考虑再创办一家创业公司，希望你对即将开始的独特旅程满怀兴奋。借用电影《野蛮人柯南》（*Conan the Barbarian*）中的男巫明弘（由演员岩松信饰演）的话：欢迎来到历险的日子！

陷阱1
建立一个10亿美元的公司

在创业旅途中，创业者们（更不用说科技记者和投资者）被“10亿”这个词迷住了。

我不知道这是什么时候发生的，但是我相信它出现在20世纪90年代的互联网浪潮之后。在此之前的经验法则是，要募集风险投资资金，你必须展示一个计划，符合“ 5之5000万”法则，这意味着风险投资人希望投资那些可以在5年内获得5000万美元收益的公司。有时，风险投资人则坚持要投资建立下一个10亿美元公司的创业者，并且只有在你进军规模达数十亿美元的市场时，他们才会投资！

我将此归咎于贾斯汀·汀布莱克（Justin Timberlake），他在2010年的电影《社交网络》（*The Social Network*）中描述了音乐共享软件公司Napster公司的联合创始人肖恩·帕克（Sean Parker）的虚构版本，内容与脸书的创立有关。在电影中，他给出了一个名句，“有100万美元的人不再酷，有10亿美元才是真酷”。

科技类媒体对“独角兽”的关注加速了这一趋势，这个名词很大程度上归因于我麻省理工的同学艾莉·李（Aileen Lee），她曾是凯鹏华盈公司（KPCB，硅谷顶尖的风险投资公司之一）的合伙人。她离开后又去创办了牛仔风险投资公司（Cowboy Ventures）。她将独角兽定义为“一家成长迅速，估值超过10亿美元且成立不到10年的创业公司或私人公司”。她注意到这些公司是“稀有动物”，并提出了这个名词。

实际上，大多数私人公司在估值达到10亿美元之前就已经上市。

然而，在2008年金融危机及其相关法规出台之后，随着公司选择保持私有化的时间越来越长，对创业公司的私人估值开始膨胀。

随着许多私人公司的估值达到数十亿美元，每个人都突然痴迷于培育下一个“独角兽”。实际上，如今在创业之地，独角兽似乎已不多见——但你每周还是能在那些商业小报中看到又出现新的公司！这目前已成为一种流行的共识，就是如果你向风险资本推荐的下一家公司不是10亿美元的公司，其所处的市场规模也少于数十亿美元，那么他们会请你回家，因为你不够“雄心勃勃”！

现实情况是，硅谷最成功的公司也从来没有达到10亿美元的门槛（无论是在收入还是在估值上），许多“热门”市场的发展从未像其前期预测的那样大。尽管独角兽的数量比以前增加了，但达到这一估值的公司相对于全部创业公司的比例仍然较小。

而且，过多地关注这样的大数字，你有可能会错过创业之旅中最充实的部分：根据人们需要并愿意为之付款的产品或服务来建立公司。大多数创业公司的估值甚至都不会超过1亿美元，但这并不意味着你无法建立一个拥有满意的客户、市值小得多的优秀公司。我和许多创业朋友从中赚钱最多的一家创业公司，出售价格不到10亿美元，但我们都对这个结果感到非常满意！

像大多数建议一样，这里确实包含着一些道理。风险投资资本确实想要为你的创业公司找到重大的市场机会。但对于包括我自己在内的投资者而言，只从表面价值上看待这个建议，并把所有的时间都花在关注10亿美元上，反倒会损害募集资金的机会。记得几年前，一位创业者向我兜售他的想法：本地移动支付中有10亿美元的机会（这是“本地移动”公司突然变得炙手可热的时候）。他口中的每个词都是“10亿”——例如，这就是安德森霍洛维茨风险投资公司认为这是一个价值10亿美元的想法的原因，以及这个市场的规模将达到多大。

这并没有打动我。

并不是说移动公司的市值不会达到数十亿美元（我相信这一点，并认为他们最终会达到），只是这个家伙太专注于10亿了，而对于创业公司通常要走的那条充满曲折的道路了解得不够。

也就是在这时，我提出一个新原则：在创业之地中识别那些江湖骗子艺术家的最快方法是，找到太专注于数字——10亿，而不去研究他们面对的是否是一个价值数十亿美元的市场，以及他们的公司将如何发展并在几年后达到10亿美元（甚至更多）的那批人。

我并不是说你不要去考虑进军一个巨大市场的机会，也不是不想让你的公司市值超过10亿美元，当然我都愿意！只是达到目标的途径比目标本身更重要。

建立10亿美元公司的最佳途径

让我们探讨下面这个故事，它可以更好地阐述一个价值数十亿美元公司的诞生之路。

20世纪90年代初，我在麻省理工学院读书时，有一个项目是一些学生要到日本开展暑期实习。在那里，我们经常会遇到美国其他大学的学生。有一年夏天，我去了日本。到了第二年夏天，我的麻省理工学院同学米奇（后来和我一起成为几家公司的联合创始人）也通过相同的项目去了日本。随后米奇告诉我，他遇到了一个斯坦福大学的学生，名叫杰里，也是通过类似的暑期班项目来到日本的。

杰里正在从事一个非常生僻的创业项目，商业潜力极为有限，就是所谓的万维网站点目录。由于网络在当时主要在大学内盛行，并且主要用于电子邮件和用户群组，因此它似乎根本不是一个很大的市场机会。

如果杰里要向当今的风险投资公司推销他的想法，很可能会被告知他正在进军的市场太小，而且他也没有足够的野心，因为在如此早期阶段，还没有人意识到网络将在未来几年成为互联网的基石！

当然，这个想法最终发展成一个知名企业——雅虎！这名学生就是其创始人之一杨致远。众所周知，雅虎最终价值数十亿美元（尽管后来在谷歌时代遇到了麻烦），并且是互联网繁荣时期的领导者之一。

我认为雅虎的故事说明了有关创业市场的许多重要方面，它们如何出现、成长和发展以及公司如何被视为新市场的领导者。这也揭示了考虑建立下一个数十亿美元公司的好方法就是不考虑。找到一个足够小的市场，使你能够成为领导者，并且你相信该市场会增长，而其他人还没意识到。

如果你早些时候问过杨致远，公司的业务将是什么样子，那么他不太可能吹牛说自己将如何建立一家10亿美元的公司。

如果他这样说，你不仅会以为他是疯子，还可能得出结论：如果他真的想组建一家10亿美元的公司，他应该选别的事情做，而不是专注于如万维网这样新兴的、初始状态的市场，因为1991年还没人听说过万维网。

对于大多数市值已达数十亿美元的公司而言，情况可能也是如此：创始人并非专注于创办一家10亿美元的公司，也不专注于以数十亿美元售出公司后能得到什么。相反，他们只是专注于试图将某些产品或服务推向市场，并不停地努力去开发那些令其好奇或着迷的未来发展趋势。

在他们成功前，并没有考虑10亿这件事

当比尔·盖茨和保罗·艾伦（Paul Allen）在波士顿为阿尔塔（Altair）计算机编写BASIC程序（这最终使微软成立）时，你是否认为他们正在考虑建

立一个价值10亿美元的公司？

不太可能。

当时可能已经有人意识到，个人计算机是下一个大机遇，并且他们也想占据主导地位。但是在那个时代，没有人会说为新兴的个人计算机编写BASIC程序和开发语言是一个10亿美元的市场。实际上，苹果和其他飞速发展的个人计算机公司并不想自己构建BASIC程序，他们只是从微软购买许可。你可能会说，盖茨和艾伦填补了这个大市场中的一个小小空白，并且这是人们在飞速发展的个人计算机（PC）革命中谁都不想去填补的空白。他们在这个小众市场中占据了主导地位，成为BASIC事实上的标准。微软在成为一家价值数十亿美元的公司之前，还需要有很多的产品［微软磁盘操作系统（MS-DOS），进而是Windows①和Microsoft Office②］，但是如果他们没有迈出第一步，成为构建BASIC的关键，这些机会可能就不会出现。这是一个他们可以控制的、较小的市场机会，而且几乎没有人关注它。

甚至谷歌，这家在搜索领域已被证明是一个价值数十亿美元的市场之后成立的搜索公司，也差点以100万美元的价格卖给了日本门户网站之一Excite网。尽管谷歌创始人拉里·佩奇（Larry Page）和谢尔盖·布林（Sergey Brin）对出售公司兴趣浓厚，但Excite对此却不感兴趣。愿意以100万美元出售自己的公司和想法的人显然并不会太执着于建立一个10亿美元的公司。

脸书怎么样？你是否认为当马克·扎克伯格建立自己的第一个网站——脸书网站时，他正在考虑建立一家市值10亿美元的公司？不，他正在考虑的是创建一个将哈佛学生联系在一起的网站。当然，扎克伯格在许多年后拒绝了10亿美元的收购要约，但这是关于创业历险的不同阶段的另一个故事。

---

① 微软公司以图形用户界面为主推出的一系列专有商业操作系统。——编者注

② 微软公司开发的办公软件套装。——编者注

我个人投资的第一批公司里，价值超过10亿美元的是社交应用软件公司Discord公司，它是非常受欢迎的聊天工具之一，目前拥有超过4000万用户，其本身已成为“独角兽”。当我第一次投资该公司时，曾以1亿美元成功出售其前一家公司的创始人杰森·吉特隆（Jason Citron），正寻求建立一家游戏公司。

在本书的稍后部分（第四阶段 考验之路：进入市场的陷阱）中，我们将讨论Discord公司。需要注意的重要一点是，当公司在2014年发布首款游戏《愤怒的命运》（*Fates of Fury*）时，手机游戏市场正变得极为拥挤和极具竞争性。尽管该公司是由一位经验丰富、有成功经历的创业者所创立，并且他也非常了解游戏行业，但让它运作起来还是太困难了。与该阶段市场上的许多游戏一样，他们的游戏也不成功（有关手机游戏市场如何发展的更多信息，请参见“创业模型1：创业市场生命周期”）。他们意识到市场很难打开，因此将聊天工具（那些执迷的游戏玩家中坚分子，已经将其内置到游戏中）运用到一个独立的应用程序中，这促使Discord成为一家市值超过10亿美元的公司。

在市场很小时进入

建立一家价值数十亿美元公司的关键，是进入一个你所执迷的小市场，并且是在每个人都视其为一个大市场之前就进入。等到大多数投资者和其他人认识到这是个数十亿美元的市场时，你已经成为这个市场的领导者之一。

让我们看一下下述两家创业公司，他们所进入的是很容易进入却很难募集到资金的市场，因为它们还未被看作是具有数十亿美元规模的市场。

贾德·瓦莱斯基（Jud Valeski）是数据分析公司Gnip公司的联合创始人，该公司以1.75亿美元的价格卖给了推特，这一退出使所有人（包括风险投资公司）都感到高兴。Gnip本身是一项服务，允许企业使用单个应用程序接口（Application Programming Interface，API）在其应用程序中构建多个社交网络。

贾德说，当他们开始进入时，这个市场非常小。任何人都需要使用API连接到多个社交网络的想法并不流行："当时，社交网络完全不同。推特虽已出现，但也仅此而已，'照片墙'根本就不存在，大多数社交网络服务都不是今天的样子，为此我们猜测社交网络的相关性和重要性将持续提升。"

让我们看另一个例子，一个创业者在市场不是很大的时候就选择了进入。实际上，它的规模非常小，很难引起投资者的兴趣。

Life360是一个移动应用手机软件（App），该应用程序使家人可以相互追踪，其联合创始人亚历克斯·哈罗（Alex Haro）因该App有数亿次下载而获得了巨大的成功。亚历克斯说："即使在今天，世界上排名第一的短信仍是'你在哪里'。"

问题在于，当Life360在2008年发布首款该应用程序时，智能手机并不普及。事后看来，多名成员拥有智能手机的家庭数量在当时非常少，而"移动家庭"的想法并没有吸引大多数投资者的注意。

直到2010年，许多家庭中不止一个成员拥有智能手机，Life360才开始看到动力。该App对追踪家庭成员的位置突然变得超级有用。

亚历克斯提醒我们，当公司刚成立时，人们并不认为需要一种新的移动应用程序模型。不知你们是否还记得2008年，当时，每个人都在说脸书取得了成功。让我们为爱狗族创建脸书、为游戏爱好者创建脸书、为家庭创建脸书。但是我们观察脸书后，认为这不是家庭需要的。因此我们逆势而上。

他们从一个新平台开始，即移动智能手机应用，市场规模很小（因为几乎没有家庭有多个成员拥有智能手机的），但他们认为这种趋势将会增长。

随着智能手机数量的增长，该公司吸引到了投资，并且该应用已成为有史以来下载次数最多的应用之一。再后来，Life360于2019年上市。

创业成功的秘密1

将重点放在一个小规模市场的机会上：①你可以成为其中的领导者；②你痴迷于此；③你期望它会成长，即使其他人不这么认为。

为这个秘密重新措辞，真正的经验法则可能是：如果你真的想建立一个10亿美元的公司，就不要为建立这样的公司而去建立公司，当然更不要花费时间吹嘘自己将如何建立一个价值数十亿美元的公司。

相反，你应专注于一个小的新兴市场机会，你可以成为关键/主要参与者之一，并开发一种可以满足这个小但不断发展的市场中客户需要的优秀产品。向市场证明自己，你就会发现自己成了市场的领导者，尤其是在市场很小的情况下。

如果你的产品成为领导者，并且市场如野火燎原般增长，或是如果你最终创造了一个没人相信会变得很大的新市场，那么你很有可能打造下一个数十亿美元的公司。

虽然某些市场会产生价值数十亿美元的公司，但在创业公司的早期阶段过于专注那个大的数字，是一个错误。不要一心只想着数十亿美元。是的，一个市场只有最终成长为数十亿美元的规模，风险投资才会说这是他们感兴趣的。但事实是，不管他们在网站上说了什么，许多风险投资者对退出并收获1亿美元或4亿美元会感到非常满意。社交数据创业公司Gnip以1.75亿美元的价格出售，大多数创业者对此都是欣喜若狂的。我们将在“第五阶段 收获宝藏：退出公司的陷阱”中讨论退出的事。

关键是要找到一个市场，这可能是一个全新的市场，或者它已出现但还处在新生期，或者可能是较大市场中的一小部分，但其需求尚未得到满足。

理解这一过程的关键是观察创业市场如何随着时间的推移而变化，这就是“创业模型1：创业市场生命周期”。

创业模型1：创业市场生命周期

当然，关于技术市场发展的模型有很多。我在本书中使用的模型是我自己的模型，它是基于我在过去超过25年的时间里，建立、投资创业公司，并对创业公司提供顾问咨询的过程中，观察多种创业市场如何发展演进的结果而建立的。

导致该模型建立的核心观察结果是，所有新兴市场都经历了发展的各个阶段。我将此模型称为“创业市场生命周期”，并且它追溯了创业市场所要经历的各个常见阶段。这些阶段是一个市场成功发展为“真实”市场所必须经历的，这时的它才可能承载数十亿美元公司。然而并非每个市场都能走过所有阶段，因此我们在每个阶段的洞察力就会变得相当重要，以至于当我们试图揭示陷阱背后的秘密时，我们会一次又一次地回到该模型。

通常，一个新的创业市场始于新生阶段，然后随着该市场被公认为“下一件大事”，它进入了成长阶段。在许多新兴市场中，通常都会有一个时期，每个人都变得疯狂，我们称之为超热阶段。在这个阶段，错过了这个新市场的公司开始争先恐后地进入市场，并且估值变得不合理。随着市场的升温，越来越多的潜在创业者开始寻求利用这种“热门趋势”快速赚钱。直到后来，许多相同的创业者发现，他们已经身处市场之中，却没能意识到市场已经改变。不幸的是（对于创业者而言），超热阶段仅会持续很短时间。

在某些时候，潜在的收购之池枯竭，是因为进入市场的人太多。于是，合并开始发生，但不再有惊人的估值。我们称此阶段为迈向成熟阶段，其中一些市场领导者的地位已经确立，并且许多早期合并已经发生，从而使许多依靠融资的创业公司处于困境：既没有处于领导者的地位，也没有可行的退出方式，更难以筹措到未来所需的资金。

终于在某一时刻，随着一个或更多的上市公司出现，市场被认为已经成熟了。在这个阶段，这些公司要遵守成熟市场的规则，并且要根据获利能力进行衡量。这是应用我们在商学院中学到的大部分知识的阶段，加权资本法、未来现金流量法和市盈率法则都开始生效。理解这种模式，你可以节省MBA的费用，除非你想加入那些处于正在成熟或已经在成熟阶段的公司。

有时，市场在进入新生、成长或超热阶段之前就停滞了。通常，新生市场被吸纳进另一个市场，成为另一个市场新有的特征，因此不再被视为一个独立的市场［例如，群组软件和销售自动化在20世纪90年代被认为是一个独立的市场；然后，它们又被其他领域吸收，包括电子邮件、网络和客户关系管理系统（CRM）］。另外，随着一项新技术成为主流，有时单个创业市场会细分为多个市场（例如，网络并不是真正的单独市场，而是在最初出现时——已演变成多个独立的市场，如搜索、电子商务、社交网络等）。

创业市场生命周期的各个阶段

图1–1显示了市场的各个阶段，并显示了一些重要的初级曲线，这些曲线是该模型的一部分。这些阶段足够具体，任何在新兴市场中摸爬滚打过的人都会认可它们，同时又足够广泛，可以将它们应用于不同的“新兴”创业市场。这种模型同样适用于近年来出现的个人计算机、客户端服务器计算、网络、手机游戏/应用程序，并且早在收音机和汽车市场上就已经实现应用。

估值曲线决定了整体模型的形态，当然，有些市场被大肆炒作并立即进入超热阶段；而另一些市场则完全停滞不前，从未成熟；同时还有另一些市场则需要更长的时间才能成熟。因此，任何给定市场中的估值曲线都不必严格地遵循图1-1所示的钟形曲线，它可能会经历一些曲折和反转，我们将在后文中介绍基本模型的变化。

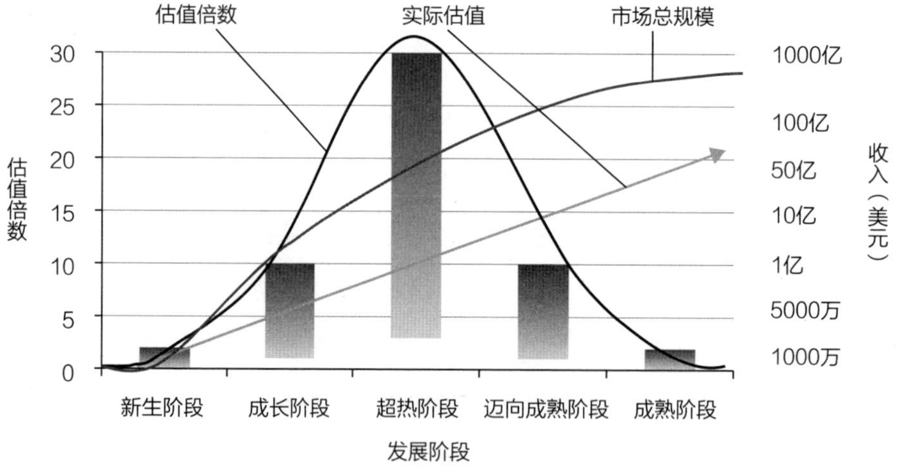

图1-1　创业市场和估值的演变（创业市场的生命周期）

下面让我们更详细地了解一下各个阶段。

- **新生阶段。**大多数创业市场始于我所说的新生阶段。这意味着一种有趣的新技术正在被业余爱好者和研究人员所使用。总体而言，这一阶段里的新技术尚未得到风险资本和专业投资者广泛关注，并且尚未被认为是“下一件大事”。在此阶段，进入市场并成为某一构思的领导者固然很棒，但通常你必须有能力支撑自己继续工作或找到新的方法为公司提供资金，例如提供咨询服务等。如果你将一家新生期市场的公司介绍给风险投资公司，他们的反应可能是：“我听说过这项技术，但是让我们看看它在未来几年内如何/是否会发展成为真正的市场。”以万维网为例，此阶段就是20世纪90年代初期在伊利诺伊大学厄巴纳-香槟分校（Urbana-Champaign）开发出第一个网络浏览器的时候。

● **成长阶段。**当一个或多个创业公司开始经历快速增长时，通常会在技术媒体上伴随着一个“回声室”的效应，说明这个市场将如何成为创业之地的“下一件大事”。许多最终成为主导者的公司实际上是在这个阶段开始崛起的。随着这一阶段的发展，大公司和风险投资纷纷涌入，将资金投入这一领域或填补其产品线的空白。这导致激进的估值倍数（3～5倍的收入并不罕见），如果市场热度超过此值，那么市场将变得超热。

1993年以后，许多风险投资公司开始投资与网络有关的公司，以寻找使万维网商业化的方法。这个阶段最可靠的迹象是，众多风险投资公司已经在这一领域进行了投资，或者都在试图寻找一种投资来增加其投资组合。

● **超热阶段。**有些市场很快就成为主流，而有些则需要更长的时间。但是，在高科技创业市场中，有一个不寻常的时期，大型企业和风险投资公司都意识到，他们“落后于人”，并且错过了早期的投资机会。高层人士决定该公司迫切需要进入这个市场。这是发生超额估值的时候——在此阶段，我见过超出其收入100倍以上的退出收购。公司从成长阶段到超热阶段的转变有时是基于特定的流动性或金融事件而发生的［例如，1995年在网络上进行的网景公司 IPO，或是在2010年年底，发生在手机游戏领域的收购案。梦宝谷公司①以4亿美元的价格出售给日本一家世界领先的网络服务公司DeNA，以及脸书于2014年以20亿美元的价格收购了虚拟现实技术的傲库路思（Oculus）公司］。公司在此阶段估值过高的原因通常是出于感性而非理性。在超热阶段，投资者和大公司担心会错过，因此会迅速投入资金并收购公司，因为他们担心如果继续等待，估值会进一步上涨而导致错过［这就是错失恐惧症（FOMO）——害怕错过（the fear of missing out）］。

① 梦宝谷公司是一款手机游戏公司。——译者注

- **迈向成熟阶段。**在某一时刻，理性又回到了超热市场，并且有明显迹象表明它开始成熟。通常，这是人们意识到公司被过高估值的时候，所以估值开始大幅回落，有时这个过程是缓慢的，有时是急速的。在此阶段的前半段，仍然有很大的赚钱机会，但是如果等到后半段，收购方和风险投资会采取截然不同的行为模式。许多收购方已经在此领域下了赌注，而其他收购方则希望了解你的实际表现，并且通常只愿意给出合理的估值倍数，而不是过高的估值。估值倍数通常会下降到收入额的3～5倍（公司正处于成长阶段），与超热阶段相反，估值回落。结果，在此阶段，收购方实际上最好是等待，不要再害怕错过时机。风险投资人不愿在此领域下更多的赌注，因为市场已经有多个领导者，除非新公司异常受欢迎。这个阶段通常是在一些收购事件使理性回到市场之后，或者有一些明显的赢家之后开始。例如，“互联网市场”期间，发生在2000年的互联网泡沫崩溃，谷歌在“搜索”领域中的一枝独秀，2012年著名社交游戏公司Zynga的股票暴跌之后发生的手机游戏崩溃，都代表着市场从超热阶段迈向成熟阶段。

有时不会发生任何突发事件，但是并购者意识到他们看到了多个“好”公司，因此没有理由“害怕”，并快速收购公司，这时他们能够等待并观察公司运作得如何以及其真实指标。

- **成熟阶段。**随着市场的成熟，公司发展的重点从增长转向赢利。不仅存在定义明确的市场领导者，而且这些公司的估值开始更多地基于利润而非收入。在斯坦福大学商学院时，我们学到的大多数内容都是为这一阶段市场的公司量身定制的——大公司的规则最初并不适用于创业公司。最终，游戏公司或互联网公司的投资者开始寻找利润，他们根据这些（有时是不存在的）利润对公司进行了估值。

确定市场处于哪个阶段的最简单方法是查看市场中的估值。如果存在并购活动，最好的方法是将估值倍数与第30页图1-1中的估值曲线范围进行比较。我们将在“第五阶段 收获宝藏：退出公司的陷阱”中更详细地探讨估值在融资和退出方面的变化。

如图1–1所示，实际情况是，在所有这些阶段中，实际的市场规模都在增长（假设市场实际上已经走过了所有这些阶段，并且没有消失）。直到正在成熟阶段开始，它实际上可能还不是一个数十亿美元的市场。

如市场规模曲线所示，该市场中公司的总价值实际上从左边温和地开始上升，尽管从百分比的角度来看增长更快，但在成熟阶段，按美元绝对值计算，甚至可能增长得更多，虽然斜率较小。

同样，即使在市场生命周期的右半部分，收入和利润的倍数下降，但随着市场的成熟，市场领导者的估值仍会上升。随着市场的发展和成熟，生存下来的市场领导者将占据更大的份额。

新兴市场的例子：手机游戏市场

你如何使用这种模式来发挥自己作为创业者的优势？让我们来看一个我曾密切参与的特定市场案例。这是一个值得观察的市场，因为它最初只有中等规模（在我2008年进入该市场时），但到了2016年（当我出售该市场的最后一家公司时），它已经成熟并被认为是规模达数十亿美元的市场，拥有多个价值达数十亿美元以上的公司。因此，这是创业市场所经历的各个阶段发展历程近乎完美的例子。

该市场随着2007年iPhone的发布而诞生（实际上是2008年，当苹果向第三方开发人员开放iTunes应用商店时），到2009年年底至2010年年初时发展成为被公认的“下一件大事”（成长阶段）的市场。

在那些激动人心的日子里，制作和销售一款手机游戏不需要花费太多的钱。2010年我与他人共同创立了“游戏观察”工作室，并以不到25000美元的价格开发了第一款游戏《欢乐水族箱》。我们以不到25000美元的费用做营销，使该游戏登上了苹果iTunes应用商店排行榜榜首，并保持了数周之久，获得了数百万的下载量。最终，下载量超过了3000万，并且在推出应用程序内购买时还创下了谷歌商店最高收入纪录。

到2011年年初，手机游戏市场似乎开始变得超热［这与DeNA公司以4亿美元收购梦宝谷公司以及社交游戏公司Zynga以5330万美元收购《填字游戏》（*Words with Friends*）的开发商Newtoy等时间相吻合］。

这个阶段持续了一年多一点的时间，从2012年下半年开始，市场开始走向成熟。发生了什么?

一方面，获得用户变得非常困难且昂贵。要发布一款游戏，如果你没有至少几十万美元（很快就会到数百万美元）用于市场营销，那几乎都砸不出什么响动。当我们发布《欢乐水族箱》时，应用程序商店中可能仅有约10000个应用程序，但到了2016年，有数十万个，再过几年就会超过一百万!

另一方面，游戏估值开始下降。该市场上第一家上市的公司Zynga，在投资者看来被高估了。这反过来导致被收购的公司的估值也被降低，因为Zynga就是由收购方哄抬估值，导致被高溢价收购的公司之一。

在成熟阶段出售的一家移动游戏创业公司是Funzio，该公司以超过2亿美元的价格卖给了日本社交游戏巨头GREE公司。这似乎是一笔不小的数目，但是Funzio当时公开披露的收入约为5000万美元，因此该估值仅相当于收入的4倍。虽然这是一个不错的倍数，但远不及市场超热时的10倍估值。

随着Zynga公司不再支付高昂的费用，以及许多争先进入西方智能手机市场的日本公司不再为购买创业公司支付溢价（DeNA和GREE是两个例外），手机游戏市场估值开始大幅回落。

2012—2013年，整合仍在进行。到了2014年，有许多手机游戏创业公司倒闭，没有人愿意购买它们。市场在其迈向成熟阶段和超热阶段注入了太多资金。请记住，超热阶段的定义是“每个人，包括他们的母亲都加入进来并获得注资”，因为这时赚钱很轻松。

请注意，到了2015年，手机游戏已成为比前几年更大的市场——实际上，它已经成为数十亿美元市场，并拥有数十亿美元以上的公司。但新创业者为一家手机游戏公司募集资金却变得更加困难，因为这个市场的主导者太多了，包括芬兰移动游戏巨头Super Cell［《部落冲突》的制作者）、King（《糖果粉碎传奇》的制作者，世界最大技能社交游戏公司之一）］、Rovio（《愤怒的小鸟》的制作者）等。

这些是市场日趋成熟的确定迹象：

（1）进入市场的成本大幅上升。

（2）估值已降至“合理”水平。

（3）现有“领导者”做得很好。

尽管仍有一些游戏创业公司在2013年之后开始运营并表现良好，但数量和百分比却比“繁荣”时期显著下降，并且它们需要大量资金。在这段时间里，失败的游戏创业公司比成功的多。对于那些已经募集了一些资金的公司来说，继续经营也变得非常困难。一个完美的例子就是移动游戏公司Bionic Panda公司，它制作了一款名为《水族精灵》的游戏，与《欢乐水族箱》相似，但迟了几年。尽管他们在安卓上的下载量超过700万，但他们无法募集到下一轮融资。

2016年，任天堂发行了《宝可梦Go》，该游戏收获了巨额的点击量，并占据了App商城的头榜。大多数人不知道的是，在游戏发行并大获成功之前，该公司已经募集了3000万美元。大约在同一时间，另一位领导者卡巴姆——许多表现出色的原创游戏（如《卡米洛特王国》）的开发商，也将其战略转到特许资产上，包括《指环王》和《漫威冠军争霸》。他们公开表示，他们将做“更少的游戏”，因为游戏的平均生产成本已超过1000万美元。因此，在我们发布《欢乐水族箱》的6年之后，制作一款顶级游戏的成本从2.5万美元上升到了数百万美元，而营销游戏的成本也是如此！

成熟市场的创新

一旦市场渡过了超热阶段，处于“迈向成熟”和“成熟”阶段，新创业的公司就很难用少量资金产生轰动效应。当老牌的领导者很难被推开时，在一个迈向成熟/已经成熟的市场上建立一个公司所需要的资本量，要远远超过当公司/市场还不成熟时所需要的资本量。

为了了解这种模式的普遍性，我们来看一个完全不同的市场——汽车市场。我们现在并不认为汽车市场是一个新兴的市场，但是当出现一种新车型时，这就是“下一件大事”。

我们知道的许多品牌（道奇、奥兹莫比尔、别克等）都是始于20世纪20年代的小型汽车公司，并与亨利·福特和他的T型车竞争。许多小型公司都是非常具有创新精神的，其中许多小公司被通用、福特或克莱斯勒吞并。快进到几十年后，汽车中新的一族——电动汽车似乎已经出现在地平线上。

在新的电动汽车市场上，让我们看两个创业公司的杰出例子——特斯拉和菲斯克。两家创新汽车公司希望通过其创新来打乱一个已经成熟的市场（传统汽车行业），菲斯克的独特混合动力汽车和特斯拉的纯电动汽车。菲斯克和特斯拉都遇到了问题，而且前景都令人怀疑。据公开财报来看，埃隆·马斯克投入1.8亿美元个人资金让特斯拉走到今天，而据内部人士透露，该公司仍然处在失败的边缘。如果不是（从美国能源部）获得几亿美元的政府贷款，这两家公司一度无法生存下去。后来两家公司又试图获得贷款，但实际上只有特斯拉得到了。结果，特斯拉得以幸存，并成功进行了首次公开募股，菲斯克却因缺乏资金而消亡。与20世纪20年代相比，如今，如果没有一大笔资金，毫不夸张地说，在车库里创办汽车公司是行不通的!

小结

因此，如果你想建立下一个价值10亿美元的公司，那么通过进军尚未被开发的新市场来实现这一目标的机会，比进军像汽车行业这样的成熟市场其成功概率要高得多。如果你没有自己的1.8亿美元资金用来投入，那么你就要找到一个资本效率高的市场。而看似高效的市场（如手机游戏，通常可以由一两个开发人员构建）在进入成熟阶段后也早已过了这一时段。

对于每个人来说，最好要考虑好如何在一个小而快速增长的市场中成为一位创新者。如果你做对了，并开发了一个了不起的产品，你将成为领导者。如果市场如期望般增长，你可能会发现自己已经建立了下一个“10亿美元”的公司!

恭喜！但请帮我一个忙：在完成这项工作之前，不要吹牛，不要像许多创业之地的人那样。

陷阱2
创业动机就是多赚钱

这是一个不可否认的建议，它探究了创业公司创始人的动机。它与有着不同创业动机的两个（或多个）创始人，如何在他们的职业生涯的同一时段，共处同一个团队，并一同踏上创业之旅有关。

选择创业团队时，动机真的很重要吗?

你可能会说，是的。据我所知，导致夫妻关系破裂的第一位原因是金钱上的麻烦，创业公司也是如此。金钱是创业公司面临的最大问题之一，是创始团队破裂的第一大诱因。毕竟，如果一家公司花光了钱又倒闭了，那就是创业团队停止合作的一个很好的理由，无论他们最初是多么想在一起合作。

但是，如果你更深入地了解，就会发现，即使第一次创业在财务上是失败的，一些创业团队还是会一次又一次地在一起合作。而某些创业团队尽管在财务上取得了巨大的成功，但他们发誓再也不会合作了。

减轻烦恼的一种方法是，在开始这一艰巨的旅程之前要清楚地了解是什么激励着创业团队的每个成员。

回顾建议，有很多原因使一群快乐的冒险家开始（或加入）其旅程。卢克·天行者为了拯救莱娅（Leia）公主，欧比旺·克诺比想履行他对莱娅父亲的义务，他还想训练卢克成为绝地武士。而韩·索罗（Han Solo）只有一个动机：金钱。

什么是你想要进行创业历险的最根本原因？是赚很多钱吗？是要创造新的东西吗？是想自己做老板？是要拥有制造产品的自由？还是要成为硅谷的

“参与者”（或者碰巧你在创业之地的某个领头公司之中）？

即使是同一创业团队的两名成员被问到，他们对这一问题的回答也很少完全相同。你会认为，创始人的类型和神话故事中的英雄一样多，这是对的。

创始人动机概述

虽然每位创始人都是不同的，但他们的创业动机通常可以分为几大类。重要的是，某位创始人的独特之处（以及让他的联合创始人大开眼界的地方）在于他们创业动机的优先级。

这就引出了我们的第一个工具（创业工具贯穿于本书始终，它们是有用的清单和问题，帮助你确定在事关创业走向的重大问题上的立场）。

创业工具1：创始人动机优先级和创业工具2：揭示创始人期望，这是两个不仅对你有用，而且对你的整个团队都有用的工具。合在一起，它们汇总成许多创始团队应该进行的对话。但对于很多创业团队来说，直到创业历险进行了一段时间后，他们才开始对话！

让我们从创始人动机的一般分类入手，无疑你会发现，其中一些动机对你来说比其对他人更重要。

- **金钱驱动型。**不得不说，近年来我看到了越来越多的所谓“金钱驱动型”创业者。这些创业者参与创业公司主要就是为了致富。那些短视的人我喜欢称其为“硬币驱动型”创业者（也就是说，他们希望尽快致富），而那些目光长远的人我喜欢称其为“财富驱动型”创业者（他们希望在更长的时间内变得真正的富有）。稍后我将详细介绍这两个变体。

- **创造力驱动型。**我发现有些创业者只想打造什么，通常是产品。他们想确保自己有足够的钱来不断地开发新产品，这就是他们首先涉足创业游戏的主要原因之一。当一个新产品诞生时，他们会非常兴奋。作为投资者和顾问，我通常会看到他们在谈论产品时所怀有的兴奋感。对于创造力驱动型的创始人来说，他们最大的快乐就是他们设计出新的功能或打造出新的产品，而不在意这项活动是否值得他们耗费时间。甚至公司的产品被市场接受，这些创始人却常常会感到厌烦，因为他们通常不喜欢从创建产品过渡到建立组织，而这恰恰正是许多创始人在创业公司成长时必须承担的责任。

- **技术驱动型（或市场驱动型）。**一些创业者确实对他们的市场（或技术领域）有一种依恋，并使其成为自己毕生的事业。他们绝不会在与该市场无关的领域（无论该市场是什么）中进行创业。一些创业者只喜欢特定的新技术或新兴市场，因此，他们在该技术或市场上拥有深厚的专业知识和声誉。尽管他们可能意识到决策（不可避免地）都会涉及金钱，但他们更多的是受该技术会使他们成为所在领域的专家的这种需求所驱动。

我将这两者归为一类，因为他们的主要动机是为特定领域工作。

将此与大多数金钱驱动的创业者进行比较，技术驱动型创业者们几乎不在乎他们身在哪个市场或使用什么技术来制造产品，金钱驱动型创业者们却只是想进入任何能够赚钱的热门创业市场。这并不是说技术驱动型创业者始终使用相同的技术，他们可能只是想简单地一跳，就进入一个新的、热门的技术市场，去了解所有炒作的内因，但更多情况是，他们把自己与一种技术趋势或市场长时间地关联在一起。

- **名望驱动型/尊重驱动型。**一些创业者确实希望自己出名，并希望被人们知道。他们可能因在特定创业公司的工作或在所选市场成为专家而闻名。他们或许是想要成为创业专家，而不是成为特定产品或技术的专家。这种创业者通常在市场上很引人注目，他们喜欢发表演讲并在媒体上寻求关注。此类创始人即使自己创办的公司倒闭也可以得到他们想要的东西，只要他们被视为该领域的专家并且他们的创业公司获得了足够多关注即可。他们经常成为作家和演说家（或非常知名的风险投资家）。这些创业者并不是对赚钱不感兴趣，只是金钱不是他们全部的动力。

当我要求早期的Play Labs小组界定创始人动机时，他们发现了“名望驱动型动机”的一种变体，即尊重驱动型。这些创始人创办了公司，这样他们在科技界就会受到尊重，并会在行业内对其他人产生影响。这是一个微妙的区别，但很重要。

- **独立驱动型。**这类创始人真的很想自己当老板；获得独立是他们创办公司的主要动机。他们并不在乎别人的想法，也不在乎从媒体上获得任何赞誉，更不在乎他们的公司是否比其他公司发展得更快（或更慢）。他们甚至可能也不太在意自己赚的钱，只是不喜欢别人告诉他们要做什么。他们通常对公司有强烈的主人翁意识，甚至不愿将公司，哪怕是公司的一小部分转让给投资者，因为他们不想接受任何人的命令！

- **帝国驱动型（或竞争驱动型）。**这些创业者真的很想赢得胜利，并希望把事业做大做强，建立具有统治地位的优势。当然，这是所有创业者的本能，但他们中的一些人真的无法忍受哪怕是某一笔交易输给竞争对手的想法。这些创业者往往从竞争的角度去看待创业成功。例如，如果他们某个商学院的同学以1亿美元的价格出售了一家公司，他们就想以2亿美元出售其公司；如果他们认识的某个人从著名的风险投资公司募集了500万美元，他们便想从一个更有名气的风险投资公司募集1000万美元。在这个过程中，金钱和名声都是次要（尽管很重要）的考虑因素。

- **使命驱动型。**一些创业公司是根据创始人渴望，帮助特定社区或推动某项事业发展的强烈愿望而创建的。对于具有社会/环境意识的创业公司来说尤其如此，例如，那些致力于净化海洋或环境的创业公司。你正在创办一家这样的公司吗？为服务不足的社区提供服务，而这些社区对你而言具有特殊意义，例如，内城区居民社区或移民社区……你可能会认为，是社会原因激励着硅谷大多数创业公司的创始人，但这通常是不真实的。

为了帮助你发现自己的动机，考虑一下请你过去认识的其他创业者或联合创始人来协助你。有时候，别人能比我们自己更好地去衡量我们的动机。原因是每个人都更倾向于自我粉饰，不论是对想要进行的创业历险，还是对其他个人事情都是如此。

为了避免更多涉及具体个人，我们只看两位优秀的创业者：

- **比尔·盖茨。**微软成立初期的大多数人都会说，盖茨好胜心非常强，他相信微软应该拥有整个PC软件市场。他认为自己与该市场高度相关，并且他本人是一名技术专家。但是，如果进一步仔细研究他的动机，帝国驱动最有可能是他建立微软并一次又一次压垮了竞争对手的动机。20世纪90年代的人甚至称微软为“邪恶帝国”，因为他们强调不惜一切代价获胜。相反，按照大家的说法，盖茨的联合创始人保罗·艾伦受“帝国”驱动的支配要小得多。
- **史蒂夫·乔布斯。**乔布斯也是非常具有竞争思维的人，但是与其他创业者相比，他更是一个产品驱动型或创造力驱动型人物。他关注的是设计出色的设备，然后从中获得关注和金钱。尽管有些人可能会认为苹果是微软的“邪恶帝国”的继任者，但毫无疑问，在乔布斯两次担任苹果CEO期间，苹果的产品，即iPod、iPhone和iPad在其领域都占据了统治地位。相比之下，乔布斯的联合创始人史蒂夫·沃兹尼亚克（Steve Wozniak）虽然也是产品驱动型人物，但他更多地关注创造性和技术，而较少关注“成为最好”。

据此，笔者将介绍第一个创业工具，你和你的联合创始人可以用它来鉴别你的主要、次要和更次一级动机。这个练习的难点是对自己诚实。实际上，你对联合创始人的评估以及他对你的评估，可能比你们的自我评估更准确！

而且，动机会随着时间而改变。在《星球大战》中，尽管韩·索罗只是为了赚钱而参加历险，但随着他对人民和反叛乱联盟事业的拥戴，他的动机发生了变化。观察自我动机最明智的做法是，每年重复一次练习，以查看你的优先级是否已改变。

创业工具1：创始人动机优先级

使用此工具，考虑你创办创业公司的前三大动机，并让联合创始人也这样做。然后，在分享你们的见解之前，看一下你是否可以猜出联合创始人的主要动机和次要动机，以及他们是否可以同样猜出你的动机。然后进行比较。答案可能会让你感到惊讶。

创业工具：创始人的优先动机

日期：

创始人姓名：

说明：将你的前3个动机从1（最重要）到3（不太重要）进行排序，并回答你所要了解的人的所有配套问题。

__________金钱/个人利益（短期、中期、长期）

__________赚多少钱会让你快乐

__________技术/市场兴趣

__________名望/成为专家/受到尊重

__________建立帝国/竞争

__________独立/自己做老板

__________使命（指定使命或社区）

笔记：

创始人期望一致的重要性

为什么你要花费时间来挖掘彼此的动机？因为如果期望不一致，某位创始人可能会提早离开。

举例来说，如果一个创始人构思宏大，有九天揽月之气势，想要创造出一个巨大的上市公司或至少以超过1亿美元的价格出售公司，而另一个创始人则满足于在几年内赚到100万～200万美元，那么他们的期望就会错位。

举一个现实生活中的案例，一个麻省理工学院校友组成的创始团队，他们都是经验丰富的创业者。他们中的两位彼此相识，而刚刚从硅谷搬回波士顿的第三人决定加入他们的下一个创业公司。第三位联合创始人把之前创办的公司卖出了很好的价格（这家由风险投资支持的公司以超过5000万美元的价格售出，因此他的理想和志向变得更加远大）。

结果是，这些创始人的期望并不完全一致——三者中的两个有着同一期望（建立没有外部融资的公司，能实现获利或至少达到收支平衡，保持控制权以及几年后以几百万美元的价格将公司出售）；而另一位创始人来自一家融资合理的公司，想把事业做得更大，募集风险投资资金，并使其成长为一家非常大的公司，并想要获得巨大的退出收益。

这家自主创业公司在经营几年之后，取得了不错的表现，但发展速度并不快。第三位创始人决定离开，加入一家资金更雄厚的创业公司，以获得更稳定的收入，并成为更大公司的一部分。我之所以知道得如此详细，因为这就是我自己的公司——文档处理软件公司CambridgeDocs。澄清我们的期望，并确保我们的期望保持一致，可能会更好地服务我们所有人的未来（并可能说服我们的第三位创始人不要参与我们的公司）。

一个成功创业公司中的期望值错位

即使公司开始表现良好，但期望值的不匹配也可能导致创始人分道扬镳。以下是期望值不匹配的另一个示例。数据分析公司Gnip由首席技术官贾德·瓦莱斯基和CEO埃里克·马考利尔（Elic Marcoullier）创立，该公司在社交网络中扮演中间人的角色。在花了一年时间，尝试让社交网络中的企业付费使用他们的解决方案后，他们意识到最初的策略没起作用（更多相关信息请见“第四阶段 考验之路：进入市场的陷阱”）。因此，他们决定转换方向，重点解决需要访问社交网络上数据的企业所遇到的问题。由于当时有很多不同的社交网络API，他们发现企业在跟进这些API的各种版本时遇到了问题。

而后，当这种新的商业模式开始受到关注时，埃里克决定离开公司，而贾德（出乎意料地）留在了CEO职位上。贾德说：“成为CEO从来不在我的理想清单上。他离开的那天晚上真是令人震惊……我们决定要么关掉公司，要么就在我们开始受到关注的那一刻由我来驾驶这条小船。但对我来说，令人沮丧的一件事是，我说，‘埃里克，老兄，我们现在终于获得了一些收入，为何现在要抽身’？答案很简单，我们正在成为一家企业软件公司，而埃里克根本不希望做这些。这不是他的兴趣所在。”

贾德补充说：“我非常赞赏他，因为我们终于弄清了我们最后的选择正是他不想要的。事实证明这样真的很好。”

当创始人分道扬镳时，他们没有让公司倒闭，这是一件好事。因为几年后Gnip公司以1.75亿美元的价格卖给了推特。

了解联合创始人高压下的反应

想知道你的联合创始人在高压下会如何反应，唯一现实的方法就是与他们一同经受压力，毕竟这是历险的全部内容！如果你的联合创始人在承受巨大压力的时候反应良好，那么这是一个非常好的迹象，表明你的团队可能会在公司成长历程中实现共同合作。

当然，很难事先知道某人的反应。许多创业团队之所以分道扬镳是因为他们的联合创始人（包括他们的合伙人或配偶）在压力很大的情况下，表现与期望完全不同。你可以在创业工具2中进行假设性场景演练，以便更好地了解每个人可能出现的反应。

所有的这些情景都是我亲眼所见，并发生在我所参与的众多创业公司当中。

当我询问创始人和潜在创始人这些问题时，我不仅要注意他们所说的话，还要注意他们怎么说，以及他们在思考假设场景时的肢体语言和所表达的意思。

非常重要的是，必须只有创始人而没有任何投资者在场时，才能进行这项练习。为什么？因为答案将更加诚实，无须多次演练（例如，“无论如何，我都会坚持下去，直到创业成功”！总有人这么说，但做到的没几个）。在回答之前，还是值得花几分钟时间去设想一下你自己如何身处每一个场景之中。

对于充满压力的场景，你是感到享受，还是感到它是一场活生生的噩梦？另一种方法是询问创始人的配偶或其他重要人物在每种场景下的感受。更好的做法是，请每个创始人与合作伙伴一起在家中进行这些场景的演练。创业历险包罗万象，它会影响到你家庭的每个成员，因此如何去做，家庭成员也应该有发言权。

创业工具2：揭示创始人期望

说明：以下是一些设想的场景。问问自己在每种情况下的感受。

如果公司在6个月内没有募集到资金怎么办？如果5年内没有募集到资金怎么办？

（1 =不开心，2 =无所谓，3 =开心）

不开心	←	1	2	3	→	开心

如果有人提出要在产品发布前以500万美元的价格收购你的公司，该怎么办？你会卖吗？

绝不	←	1	2	3	→	卖

如果对方向你提供的是另一家公司的500万美元的股票，而不是500万美元现金，你会怎么选？

绝不	←	1	2	3	→	卖

如果你的创业公司成为硅谷最受欢迎的公司，并募集到了2500万美元或更多的资金，但最终被淘汰，你觉得如何？

不开心	←	1	2	3	→	开心

如果你的公司起初是直接面向消费者的，而你最终转向了涉及企业销售周期的B2B（企业对企业）公司（反之亦然），那么在这种情况下你会感到开心吗？

不开心	←	1	2	3	→	开心

如果你从现在起仍然经营这家公司10年，该公司有利可图且尚可生存，但真的无法成为那种被收购的目标，你感觉如何？

不开心	←	1	2	3	→	开心

期望值加分练习：提出一种使你快乐的场景和一种使你不快乐的场景，然后查看你的联合创始人对每种场景的得分情况。

创始人分道扬镳的两个故事

在创业之地中，许多创业公司是由两个或多个朋友所创建的。

他们认为，因为他们彼此相处融洽，所以一起进行这次历险将是很棒的体验。

当然，有许多有名的例子，两个朋友一起创办了非常成功的公司——微软由比尔·盖茨和保罗·艾伦创立，他们是在西雅图高中时期的朋友。苹果由史蒂夫·乔布斯和史蒂夫·沃兹尼亚克创立，在共同创立苹果公司之前，他们曾是高中时期的朋友。而典型的硅谷公司——惠普，是由比尔·休利特（Bill Hewlett）和戴维·帕卡德（David Packard）创立的。在创立公司之前，他们是斯坦福大学的校友。

我的第一家公司是由我大学里最好的朋友之一米奇·刘和我的兄弟伊凡一同创立的，尽管那家公司没有成功，但我们三人再次合作，并且仍然是朋友。

最近，我与两个我都有投资的创始团队见了面。令我感到惊讶的是，这两个团队都有糟糕的分道扬镳的经历，而团队创始人在创立公司之前都是朋友。

Coin Mkt公司是一家比特币交易创业公司，由彼此认识了一段时间的两个朋友特拉维斯（Travis）和欧拉（Ola）创立，他们经常商谈共同创办一家创业公司。随着比特币市场在2013年年初起飞，他们抓住了这个机会，创立了Coin Mkt公司，这是美国为数不多的买卖比特币的交易所之一。天使投资者（包括我自己）向他们投资，因为比特币正在快速上涨（每个比特币从100美元上升到1000美元以上）。而且从技术角度看，这是“下一个大事件”。但是在2014年，比特币市场变得更加复杂，受到了更多的监管，比特币的价格跌回地面，并停留了好几年。几个月后，我拜访了创始人，他们对于公司的发展方向、如何发展以及是否应该转向的想法完全不同。公司没钱了，两个朋友对彼此都感到沮丧，因此我不得不当调解人。他们之间的矛盾很深，我真怀疑他们在创办公司之前是否真的是朋友。但他们向我保证以前是的，这使我感到困惑。

仅仅几个星期后，我遇到了索林·沙赫（Saurin Shah），他与他的朋友拉吉（Raj）创立了Sift Shopping公司，这是一家移动购物公司，通过其独特的用户界面，提供来自不同零售商的产品。索林很沮丧，因为他的联合创始人兼首席技术官有一天突然决定离开公司，这使索林顿感挫败。

“但我认为你们是朋友，在创办公司之前彼此很了解，对吗？”我问索林。

长话短说，几个月内，比特币交易公司Coin Mkt和移动购物公司Sift Shopping公司都倒闭了。尽管市场状况和募集资金的能力导致了公司的垮台，但创始人之间关于引导公司走向何处、什么才能使他们留在公司这些事项的优先级和期望值不一致，才是最主要的因素。

当我更深入地挖掘时，我发现尽管这些创业公司的联合创始人曾经是朋友，但他们以前从未合作过，也从未在一起经历过艰难的处境。一旦发现自己处境艰难，他们就会有不同的期望和动机。

不要不约会就结婚

很明显，聚在一起进行创业有点像结婚。你不会想没约会过就结婚，对吧？你会惊讶地发现有这么多创业公司创始人就是这样做的！

如果你正在考虑与某人一起创业，特别是如果某人是朋友（或配偶、家庭成员），那么我强烈建议你先从合作一个项目入手，然后再一起去创办公司。

如果你看一下我给出的3个关于朋友们合作创办公司的著名例子，你会发现他们不仅仅是朋友，并且实际上在技术项目上有过合作，然后才一起创办了公司。在创立惠普之前，比尔·休利特和戴维·帕卡德在比尔的车库工作了一年，从事他们的创造和发明。在成立苹果公司之前，苹果公司的两个史蒂夫曾共同从事过多个技术项目。在微软出现之前，比尔·盖茨和保罗·艾伦已经共同合作过，并为西雅图市一个大型城市高速公路项目编写代码。这些朋友都知道，在尝试创办公司之前，他们在一起工作得很好。

如果你和潜在的联合创始人都是程序员，那么你可以试行一个软件项目来了解你们如何一起工作。如果你们中的一位是产品经理/营销专家，而另一位是工程师，那么你将大开眼界，看看与这些人共同设计产品的感觉。

可能这个尝试性的项目在一开始并不为你们两个人提供多少报酬，因为没有金钱涉及其中，却更能让每个人发现自己真正重要的东西。如果一个人在这个项目上非常努力，而另一个人却没有，可能因为他们把更多的时间和精力花在了其他能带来收益的事情上，我在此向你展示一些你可能不知道的有关潜在联合创始人的事情。

以我自己的经验，当我最好的大学朋友之一米奇和我开办第一家创业公司时，我们已经有在麻省理工学院一起从事软件项目时所积累的合作经验。我们知道，如果第二天早上需要交付某些东西，我们俩都会整夜编程。

在第一家创业公司成立的初期，当我们在波士顿郊外的客厅里工作时（“两个人和一个车库”的故事可以发生在硅谷，但在东海岸不行，因为冬天的车库太冷了），我邀请的另一个朋友马里奥（Mario）加入我们的公司——一家头脑风暴技术公司。马里奥是我在莲花公司一同工作过的同事。他给了我们一些有关市场的好建议，我们认为他可能会加入我们团队一起开发第二个产品。他试着与我们一同工作了几天，确认我们的优先事项和期望（一直努力工作，没有社交生活）不符合他的优先级要求和动机，因此他决定不加入公司。但这并没有恶意，就像他曾加入公司然后辞职一样。但如果没有这个试用期，就很可能会损害公司以及我们之间的友谊。现在，我和马里奥仍然是好朋友，只是不再是商业伙伴。

创始人的理想人数

这一问题全面揭示了创始团队成员的动机和期望。我经常被问到的一个问题是，一家创业公司的理想创始人应该是多少？

有人说“1”是理想的数字，因为有明确的愿景和决策能力。但是，许多加速器和风险投资人更喜欢拥有多个创始人的团队，因为不管一位独立的创始人多么有才华，其创始团队还是很有风险，如果这名创始人的生活出现了问题，这家公司可能会崩溃。

有人说，联合创始人的理想人数是2个——一个建设者加一个骗子。其他人则说是3个，因为当创始人意见不同时，第三者可以打破僵局。这里没有一个正确的答案，因为成功的公司有的只有一个创始人，有的是2个或3个联合创始人。

最大的数字是多少呢？

在我自己的加速器中，我们有一个团队，由6个平等的联合创始人组成，他们的股权授予期限相对较短。我告诉他们我认为那个没有用。至少，我告诉他们，他们需要更好地定义自己的角色，并根据这些角色的作用和贡献来分配权益。他们还需要更长的时间去确定权益的归属，因为现在还无法分辨出这6个人中的哪个会坚持到底。我能确定的一件事是，这6个人都不会留在创业公司。创业很难，任何人都有不同的优先级和动机。

我不只是在猜测。之前，我曾见过几个有5个联合创始人的团队，但是到了第一年年底或第二年，他们中大部分人就都离开了。我向他们解释说，靠低收入维持生活，还能就彼此的（相对）贡献达成共识是一件很困难的事，因为总是会有来自配偶或自我价值观念膨胀的压力。由于一半的创始人可能在一两年后离开，你是否真的希望他们在公司中拥有这么多股权？请记住，一次创业历险可以持续5～7年（或更长的时间）！

可以肯定的是，在一年之内，这家拥有6名创始人的创业团队成员就重新定位了他们各自的角色，他们中的一些人转为兼职，另一些人离开。但是现在完全调整股本已经为时已晚。团队最终因无法就非常重要的问题达成共识而分崩离析。

创业成功的秘密2

尽可能地了解每个创始人的动机/期望，结婚之前先约会！

在许多团队中，一个成员拥有一套动机而另一成员拥有截然不同的另一套动机并不罕见。实际上，只要有一些重叠，有人就会说这是健康的。在乔布斯/沃兹尼亚克和盖茨/艾伦的团队中，联合创始人的主要动机和次要动机截然不同。

正如我前文所说，仅通过询问你的联合创始人对他而言什么是最重要的，就想简单地掌握其潜在动机是相当困难的。那么当你组建创始团队时，你该如何知道他人的动机呢?

当然，最好的方法是拥有与某人一同长期工作的经验，并观察他们在不同（最好是压力很大）的场景下的反应。如果你没有这样的经验，那么可以对一些场景进行演练，以此不仅可以弄清彼此的主要推动力是什么，而且还可以弄清他们正在寻找什么样的时机，以及他们将如何作出贡献。这就是创业工具1和2的全部意义——它们可以帮助你思考所有可能发生的情况。

创业是一种全身心投入的体验，无论商业产出如何，人际关系通常都会受到影响，因此在进行将要持续多年的历险之前，值得做好功课。

当然，创业之旅是动态的，不是一成不变的，因此，你自己和联合创始人的感受很可能会随着时间而改变，这就是为什么在你的创业之旅越来越深入之时，每年或一段时间就要进行这种场景分析的重要原因。

金钱驱动型——硬币驱动型与财富驱动型

许多创业者会将金钱列为创业工具1中的主要动机之一。这是成立公司的一般原因，但重要的是弄清楚动机是“硬币驱动型”还是“财富驱动型”。

两者有何不同？在这里，做一个小小的游戏很有用。

假定在1号门和2号门之间做出选择，硬币驱动型创业者会问的第一个（有时是唯一的）问题是：如果我选择1，我会赚多少钱？如果我选择2，我会赚多少钱？这位创业者几乎总是会很快地选择付出更多、更有把握、更快速的方式。

这本身并没有问题，因为所有创始人都会有一定的金钱动机。但是，当在立即赚x美元（短期，有保证），还是以后可能赚10倍x美元（长期，根本没有保证）之间进行选择时，真正的问题就出现了。

这位创始人会选择什么？硬币驱动型创业者肯定会选择现在的x。财富驱动型创业者（取决于他的风险阈值）可能会选择较大的数值10倍x，即使它可能稍后才能出现。这种差异可能导致创始团队成员之间发生严重冲突，并且没有一个答案是正确的。

格林资本管理公司的创始人、硅谷的传奇投资者约翰·格林（John Glynn）谈到了金钱的动机，以及金钱与他们喜欢投资的创业者之间的关系。

我们正在寻找的是那些想要创建一个重要公司的创业者，而不是那些很快就会套现的创业者。退出仅是他们建立重要公司的副产品。

要弄清楚这一点，你必须在办公室内外与他们交谈，并了解他们。大部分只想套现的人可能得不到资金资助。

陷阱3

你必须率先进入市场

这是创业之地中最持久的建议之一，也是最常被证明是错误的。不过，这里的复杂性比最初显现的还要复杂。

为什么这个陷阱仍然存在？因为先行者有先行的优势，特别是当你让自己成为新兴市场的代名词时，更是如此。

不幸的是，新兴市场通常会不断地演化并与其他迅速崛起的市场合并，因此常常会有一些弊端存在，并且在这样的水域中航行是一件十分困难的事，尤其是新竞争者正从你过往的经验中吸取教训。

该建议应该这样理解：创业者并不是不在意成为第一，而是要了解在市场发展的特定阶段进入市场的利弊。作为揭示这个建议背后秘密的一部分，我们将在创业模型2中为创业市场生命周期添加一条新曲线，我们称之为创业机会曲线。

后来者统治市场

许多公司都是例子，它们并非是市场的先行者，而是逐渐占领了市场。实际上，技术行业充满了这样的故事。

- **莲花公司。**在个人计算机早期，电子表格程序中的王者是石灰粉（VisiCalc）。根据字节杂志（*Byte*）1980年的说法："VisiCalc是为所有微型计算机应用开发出的最令人兴奋和最具影响力的软件。"

然后，曾以100万美元的价格将自己的第一家公司Visiplot卖给了VisiCalc公司的米奇·卡普尔（Mitch Kapor），创立了莲花公司并开发了一种名为Lotus 1-2-3的产品。这本来是一个集电子表格、数据库和文字处理器（因此称为1-2-3）为一体的产品。考虑到构建这三种功能的复杂性，他们决定只发布电子表格部分，该部分是为新出现的IBM PC（及其操作系统MS-DOS）重新构建的。与苹果Ⅱ相比，这个新程序具有大内存和适应大屏幕的优点，并且新的IBM个人机的爆炸式增长使其快速被采用。Lotus 1-2-3的销售量猛增，因为它成了新硬件的杀手级应用。

作为统治级的电子表格玩家，Lotus 1-2-3的成功几乎杀死了VisiCalc。我在斯坦福大学读书时，一位教授、VisiCalc公司的投资者兼董事会成员约翰·格林曾说过，他们做得很好，“我们以为我们在飞船上……然而我们却没能适应新的IBM PC”。当微软为其Windows操作系统发布Office时，就市场份额而言它远远落后于Lotus 1-2-3，但它能够通过与操作系统的集成而成为主导者。因此，正是微软Office而非莲花公司满足了卡普尔关于集成业务程序套件的愿景。

- **谷歌。**谷歌并不是第一个网络搜索引擎。一些人认为它是第十八大搜索引擎，但因其算法表现，谷歌能够让客户确信这个搜索引擎更好。然而，直到添加了基于搜索的关键字广告之后，他们才真正地实现了商业上的成功。这个想法当时已经在市场上出现（由点子实验室Idea Lab率先提出），但是谷歌能够以此为基础建立杀手级业务，并有效地超越了雅虎、日本门户网站之一Excite和Altavista（全球最知名的搜索引擎）等竞争对手，或多或少地垄断了网络搜索市场。

- **脸书。**脸书并不是第一个社交网络平台。它甚至不是这一领域第一个成功的公司，Friendster（曾经是全球最大的社交网站）和“我的空间”（曾经是全球第二大社交网站）都曾经取得了相当大的成功（“我的空间”以超过5.8亿美元的价格被卖给了福克斯）。脸书早期专注于单一目标市场（大学生），并且这些用户在大学毕业后依旧能够在脸书上建立网络效应，再加上干净的用户界面使脸书成为网络2.0世界和全球社交网络的主宰。

当然，这些是大多数技术创业者都听说过的非常著名的案例。在上述每种情况下，最终的获胜者都不是这一领域的先行者，他们通常是做*x*的先行者。什么是*x*？它可能是一种产品思路——从头开始构建新的平台/硬件——甚至是新的营销方法。作为创业者，你的一部分使命就是找出什么是市场中的*x*。

让我们深入研究那些鲜为人知的例子，以获得对创业市场的新的见解。

后起之秀的崛起

我刚从麻省理工学院毕业时，加入了最早从麻省理工学院媒体实验室诞生的创业公司之一——DiVA。DiVA公司为苹果的麦金塔计算机制作了视频编辑软件，称为Videoshop，该软件已针对苹果的新视频格式QuickTime进行了优化。

DiVA Videoshop并不是第一个支持QuickTime的视频编辑软件。第一个是Adobe Premiere［奥多比（Adobe）公司的视频编辑器］，这是DiVA的最大竞争对手。即使在那时，作为全球最大的电脑软件公司之一，Adobe也是一家体量相当大的公司。当苹果公司推出QuickTime时，他们就推出了Adobe Premiere，并且很快就成为低端的、新兴的数字视频编辑市场的主导者。

市场上已经有另一个高端的编辑平台，该平台也基于Mac构建，叫作Avid Media Composer（媒体编辑器），它旨在成为专业电视和电影编辑人员的完整编辑系统。许多电视节目都标注有“使用Avid Media Composer编辑”

一行字（如同Intel inside[①]）。这是一个非常昂贵的编辑软件，而并不是针对“业余爱好者”。

在那些日子里，数字视频还比较新颖，开发者尚不清楚普通大众是否想要或需要进行视频编辑。它早于油管时代问世（互联网主要供学者使用，而距万维网还有数年之遥）。

当第二名对DiVA有帮助吗？

不做市场第一，DiVA反而能够构建使其超越Premiere的功能和用户界面，并且能够成为“业余爱好者”的低端市场参与者。但是，与Adobe相比，该公司规模较小且资金不足。最终，在影片和视频编辑系统公司Avid首次公开募股之前，它就被卖给了Avid公司——该市场上的高端玩家。尽管创始人售出效益不错，但该公司从未获得市场支配地位。在这种情况下，成为第一名可能会更好，但拥有的资本不如Adobe是其决定出售的一个重要原因。

这就是本书中的建议都很复杂的原因，没有简单的答案。有时候，当市场的先行者是一件好事，而在其他的时间，不是。

做第二名的优势

排名第二（或第三）会有一些显著的优势，以下3个经验法则在考虑不做先行者时很有用。

- **先行者通常会做传教的工作，证明有市场和需求。**就像旧西部的先驱一样，先行者也更有可能背上已经中箭。而第二名通常可以避免这种情况，因为他们能够看到箭头从何而来。
- **市场上第二个成功的产品通常会找到解决第一个产品某些缺陷的方**

① 表示这是一套使用英特尔处理器的电脑。——译者注

法，特别是在适用性或性能方面。“我的空间”的用户界面和对约会功能的专注使其变得一团糟①，而脸书却避免了这些方面。Lotus 1-2-3解决了电子表格程序VisiCalc中的一些性能问题，变得更易于使用。当然，第一次创建电子表格程序VisiCalc时，没人知道电子表格是什么。但到Lotus 1-2-3出现时，电子表格的使用范例已经有了更好的定义。谷歌解决了一些来自现有搜索引擎的问题，并且更易于使用。你不仅能经常开发出更好的产品，还能观察最初使用的方法，并根据市场信息采用其他更合适的方法。

- **市场中第二个出现的产品可以占据一部分市场份额。**作为市场第二或第三参与者，收获用户的最佳方法之一是针对特定市场细分部分量身定制你的产品。这排除了成为先行者的需求，使你可以专注于成为最佳——DiVA公司专注于低端市场，避开了Avid公司，后者最终收购了DiVA。脸书最初专注于大学市场，并且在很长一段时间内都比“我的空间”小得多。Lotus 1-2-3是完全在新硬件上构建的。客户关系管理软件公司赛富时②（Salesforce）使用新兴的软件模式，即服务模式（在当时被称为ASP，或称为应用程序服务提供商），通过在起步阶段专注于低端产品，最终超越了当时在企业CRM领域的主要电子商务软件供应商——Siebel公司。

什么时候当第一更好

就像本书中的大多数建议一样，这个建议很复杂。之所以存在“先行者优势”一词，是因为成为第一就有了优势。但这实际上取决于你要进军的那部分市场，该市场所处的发展阶段，以及是否有被压抑的需求。此外，最重

① “我的空间”旨在成为世界上最大的约会朋友网站。——译者注

② 客户关系管理软件服务提供商，世界第三大软件公司。——编者注

要的是，你是否真正利用了先发优势。

著名的例子包括甲骨文，它是第一个基于IBM开发的新结构化查询语言（SQL）规范生产商业数据库的公司（甲骨文的数据库在IBM备受期待的DB2 SQL数据库之前就已经上市了）。尽管甲骨文充分利用了先发优势，聚拢了大量账户，但实际上还有许多其他成功的SQL数据库公司，包括Sybase和IBM。因此，如果你能真正利用自己的位置并观察市场的发展情况，那么“成为第一”是一个加分项。

在创办第一个头脑风暴技术公司时，我们第一个做了可以连接当时最大的PC软件公司的产品，包括微软和莲花公司（后来莲花公司又出售给IBM）。由于客户一直在向莲花公司询问，如何使用微软的Visual Basic作为莲花公司广受欢迎的Notes平台的开发平台，以及将Notes连接到SQL数据库的方法，因此被抑制的需求已经存在了。我们击败了许多竞争对手进入市场，这使我们大受欢迎。但是，随着时间的流逝，我们发现我们只是证明了其他企业的产品需要工具将自己与IBM产品连接起来这一事实。看到了这个机会，IBM最终购买了我们的竞争对手之一，从而发布了自己的可以访问莲花公司Notes数据的工具包和产品，虽然这些竞争对手的市场受欢迎度不如我们，但他们的产品借鉴了我们在市场中的经验。

所以，这很复杂。它取决于“后来的”竞争对手是谁，你在市场上领先多少，以及竞争对手是否能够先是匹敌然后超越你的产品。

以Gnip公司为例，它提供了处理多个社交网络应用程序接口的中间件API，先行是一个优势。后来推出类似产品的竞争对手则需要多得多的资本。Gnip公司仅募集了750万美元，最终以1.75亿美元的价格成功退出并卖给了推特，而Gnip公司的竞争对手之一募集了约7500万美元（几乎是前者的10倍）以试图追赶前者。

这与“创业市场生命周期”一致，即你加入的时间越晚，越需要更多的钱来“追赶”已有的玩家。进而，当你募集更多资金时（如Gnip公司的竞争对手所做的那样），你需要以更高的估值来做这件事，这将使公司的出售变得更加困难（更多内容见“陷阱5：两个人和一项事业要比两个人与一个计划好”）。

成为市场的先行者可以使你在必须募集大量资金之前被收购。即使从长远来看，市场最终会由赢家主导，但这也是一种胜利。看看被脸书斥资20亿美元收购的虚拟现实技术公司Oculus。Oculus公司被认为是“领导者”。尽管虚拟现实市场并不新鲜［20世纪90年代出现了早期的虚拟现实（VR）浪潮］，但他们才是真正在VR的这个新领域掀起波澜的第一批人。由于该市场无法作为消费市场发挥作用，因此对于创始人和投资者来说，获得数十亿美元的退出收益（也就是脸书股票，随着时间的流逝其价值甚至更高）是一个伟大的成果！

太早、太晚与恰到好处

那么，成为第一是好还是不好？

到目前为止，你应该了解本书的基本观念是，对于每个创业公司来说，没有一个单一的最佳答案。规则将一直适用，直到失去效用为止。

我们在研究创业市场生命周期的各个阶段时发现，如果你要进军的市场处于新生阶段，你进入该市场的时机可能太早。如果你在市场进入成长阶段时，不快速出售公司或不使公司快速增长，则很可能成为先驱（背上中箭的那种）。

同时，快速追随者通常在市场的快速增长阶段进入，并且能够迅速吸引重要的受众群体（因为市场已经得到证明）。但是，如果你在超热或迈向成熟阶段成立公司，那么你将很难赶上先行者（或是第二，抑或是第三名已经取代先行者成为领导者）。

创业模型2：创业机会曲线[①]

这一章将我们带入第二个创业模型——创业市场生命周期的演变。与其他模型一起使用，可以确定进入或退出市场的最佳时间。

图3-1向我们展示了创业市场实现发展和走向成熟的模型。就像我们之前说的，当市场成熟时，创业公司要在市场上获得认可就会变得非常昂贵，他们需要募集很多资金。随着手机游戏市场在2013年后开始成熟，芬兰移动游戏巨头超级细胞（Super Cell）公司、休闲社交游戏公司King和移动游戏巨头Machine Zone等公司开始为其手机游戏投放电视广告，广告花费了数百万美元，涉及的名人包括阿诺德·施瓦辛格和凯特·厄普顿。我曾在2010年和2011年研究过为我们的游戏《欢乐水族箱》在电视上做广告，但是这个市场当时还处于早期，因此许多吸引用户的方法要比在电视广告上花费数百万美元有效得多。接近应用商店排行榜榜首的游戏，也无法证明其效益是因为花在电视广告上得来的。

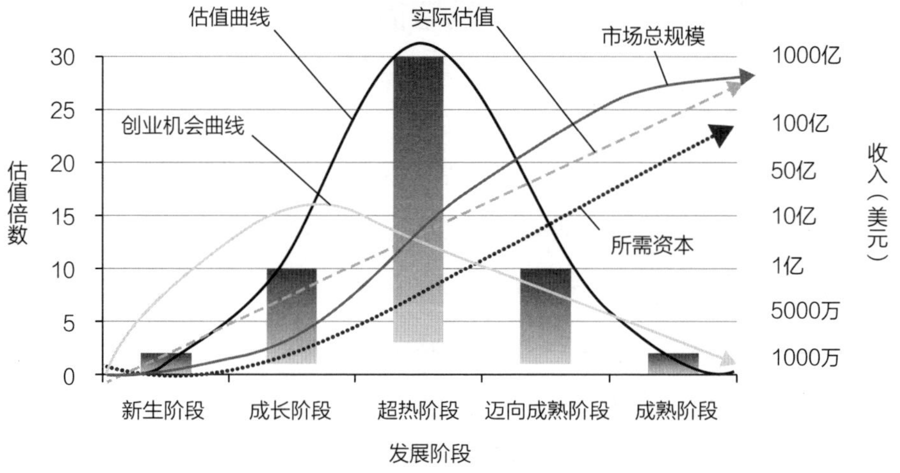

图3-1 创业市场机会曲线

① 创业机会曲线又名金发姑娘曲线。

当市场达到成熟阶段时，对于创业公司而言，成本甚至更高（请记住特斯拉，包括创始人和投资者，甚至能源部投了多少钱？特斯拉是成熟市场的新进入者）。图3–1中的资本需求曲线显示了这一点。同样，图3–1中的创业机会曲线表明了对新的进入者制造轰动效应的困难程度，如果没有几千万美元或几亿美元可能难以做到。

在新生阶段，企业所需资金很少，但在市场上尚未证明自己。回到创业工具1，如果你是市场驱动或技术驱动型创业者，那么这可能是你进入市场的合适时机，但不要指望能迅速以大价钱退出（如果你的动机确实与市场或技术相关，这没关系）。

在成长阶段，对于大多数创业者来说，机会是最大的。在这个阶段，可能需要一些资本，但并不需要太多，并且这个市场肯定会被投资者认为是有利可图的。

这是许多“快速追随者”开始进入市场的时候。

进入市场的理想时间通常是在新生阶段的结束和成长阶段的开始。为什么？因为这时你可以花很少甚至零资本进入，但仍然可以使自己闯出名气。而且，随着市场变得超热，你可以拥有更高的估值或售价，或者随着市场的成熟，你可以成为主导者。

如果一家创业公司在成长阶段早期进入，那么仍有很大的机会产生轰动效应。你拖延的时间越长，需要的资金就越多，并且投资者和客户已经下了很多的赌注，这意味着募集资金将变得很难，也很难赢得客户。这就是我将创业机会曲线称为“金发姑娘曲线”的原因，因为它显示了如何正确地把握时机——既不早也不晚。

如果你处在新生阶段市场，你可能是这个市场的专家，并且可能对市场充满热情，但你可能会发现自己陷入了“先驱”陷阱（请参阅“陷阱3：你必须率先进入市场”）。

如果你在成长阶段加入得太晚（可以分为3个子阶段：认可、新星和超新星），就在市场过渡到超热阶段之前，你可能会一直留在市场中，并经历从超热阶段进入成熟阶段，然后估值开始下降。因此，尽管在成长阶段获得资金和创办公司并不那么困难，但在此阶段的后期或超热阶段进入市场也不是明智的选择（除非你声称自己是以某种方式第一个这么做的人）。

如果你在超热阶段进入市场，那是进入市场的激动人心的时刻，但是精明的参与者要么巩固了其作为领导者的市场地位，要么就已经以高估值出售公司。

大多数人都是在超热阶段进入市场，但这是一个绝对错误的时间点！即使在此阶段募集资金并不困难，但建立业务将非常困难，并且除非你立即成为领导者，否则以后的各轮融资也将非常困难。

从统计学上讲，在成熟阶段进入市场是非常糟糕的时机，除非你有一支经验丰富的团队，背后有大量资本支持，或者你专注某一小块小众市场，并且这个小块市场是新兴领导者遗留下来的，或是大公司无法提供很好服务的。

游戏市场还有机会吗

为了说明市场机会曲线，让我们再看看智能手机游戏市场。

苹果于2008年向第三方开发商开放其平台，从而打开了市场，游戏迅速成为最受欢迎的应用程序类型（5～10年前，它们是应用程序商店里最赚钱的）。从2008年到2009年年初，这个市场处于新生阶段——只有非常早期的开拓者才进入。实际上，许多其他游戏公司，包括那些在脸书社交游戏中超级热门的公司（其中有Zynga公司），都故意忽略了这个市场，因为对它们来说，此时进入手机市场还为时过早，且市场太小。我记得与一位创业者交谈，他在这个阶段进入这个市场，然后以不太高的估值迅速将其公司（拥有移动专业知识）出售给社交游戏巨头Playdom公司。

成长阶段始于2010年年初，当时苹果发布了游戏内应用购买功能。实际上，我想说2010年年初是成长阶段的后上升期，这是进入该市场的好时机。

许多在2010年进入市场的手机游戏公司，尽管后来被认为是手机游戏的先驱，但实际上他们更像是快速追随者——他们能够采用在其他平台（例如Flash门户网站、脸书、控制台等）获得成功的游戏概念，并迅速将其转变为非常成功、获利颇丰的手机游戏。

像Tapulous（《劲乐团》的制作者）、Pocket Gems（《掌上动物园》的制作者）、移动社交游戏工作室Gameview studio （《我的公司》《欢乐水族箱》的制作者）和TinyCo（《恶搞之家》制作者）等公司，都可以利用这种免费游戏的趋势和应用内购买来建立非常重要的免费游戏业务。

2011年，市场突然进入超热阶段，其他公司开始在移动领域疯狂赚钱。Zynga、脸书以及传统的游戏公司进入了这个市场。

不过，有趣的是，公司在成熟阶段进入市场仍然有获得成功的可能。正如“创业模型1：创业市场生命周期”所述，它需要更高的产值，更大的团队以及大量的资金来做广告以吸引客户。例如，Super Cell公司的《部落冲突》、King公司的《糖果粉碎传奇》《宝可梦Go》以及大型知名多人社交游戏公司Kabam公司的授权游戏，如《漫威：超级争霸战》。

2014—2016年，该市场已经显著成熟，游戏想在应用商店中获得成功需要花费大量资本。为什么？游戏广告的价格从2009年的每次安装25美分，到2012年以后每次安装费用高达几美元。此外，应用商店的应用程序数量已增长到超过100万款，其中很多都是游戏类。最后，手机游戏的生产成本开始接近大型3A级游戏的成本。卡巴姆在2016年公开表示，他们预计将在每个新游戏上花费超过1000万美元。只有表现出色并为营销募集了大量资金的公司才能在新的、残酷的应用商店环境中幸存下来并蓬勃发展。在成熟和正在成熟阶段，较大的公司更适合引入新的热门产品。例如《堡垒之夜》是最大的手机热门游戏之一，它来自知名游戏公司Epic。

同样，可以募集很多钱（或拥有很多钱）且经验丰富的创业者即使在第三波浪潮或在成熟的市场也可以选择进入。例如，《我的空间》的创始人克里斯·德沃夫（Chris Dewolfe）希望在2013年创建一家手机游戏公司。就许多手机游戏先驱而言，这相对较晚，但由于他以5.8亿美元的价格出售了他最后一家公司，募集大量资金巩固社交游戏业务对他来说并不难，并且他将公司更名为Jam City，让其成为从事收购的企业。

创业成功的秘密3

过早进入市场可能与太晚进入市场一样糟糕。请记住“金发姑娘曲线”。如果进入得过早，那么你需要保持力量或相对快速地出售；如果你进入得太晚，那么你需要更多的资金才能成为领导者。

这个陷阱背后的真正秘密是，时间可以帮助你也可能伤害你。像本书中的大多数秘密一样，应用先发优势的基本原理更多的是艺术而不是科学。

从技术角度来看，过早与过迟都是大问题。一方面，快速追随者通常可以观察先行者犯的错误，然后在市场完全成熟之前创造出更好的产品；另一方面，如果先行者能够利用初始速度成为难以撼动的市场领导者，那么当先行者实际上是有利的。

但是，当第二进入者获得成功时，他们的收入通常会达到在市场初期难以企及的水平，这有助于他们在良性循环中保持领先地位。他们没有在类似传教的工作中“中箭”，而这正是新创业市场中早期参与者所要承受的。但是，要想成为第三批进入者，可能会需要更多的资金，这对于初次创业的人来说通常很困难。这是“创业市场生命周期”中的“资本需求曲线”和“创业机会曲线”（也称为“金发姑娘曲线”）。

从概率学的角度来看，创业成功的真正秘密是成为第一批进入者之一，并使自己成为其中的一个玩家要比成为第一个进入者更好。随着市场从新生阶段进入成长期，你将有能力从中受益——如俗话所说的“水涨船高”。

蓝海与红海

投资者和创业之地的人们喜欢用除“金发姑娘曲线”之外的另一种术语“蓝海”或“红海”来谈论机会曲线。“蓝海”机会是没有明确定义的领导者且竞争对手不多的领域。“红海”中有很多竞争者，其中有些是“鲨鱼”，而“鲨鱼”一直在吞噬幼小的初创企业，并彼此竞争。因此，市场上“鲜血四溅”，从而形成了“红色” 海洋。

与我们的市场阶段联系在一起，“蓝海”存在于市场的新生阶段。但是即使是正在寻找“蓝海”机会的投资者，也可能不愿意承诺这是个机会，因为该市场尚未得到证实。这就是加速器经常出现的地方，他们更愿意冒险，接纳一个相对较新的市场中的创业团队，希望团队能够弄清楚这个市场。

例如，在Play Labs加速器中，我们有一家公司在诸如Telegram（一种跨平台的即时通信软件）之类的信使内部构建加密货币钱包，这家公司名为Button Wallet。他们才刚刚起步，对于大多数风险投资来说，时机还为时过早。我们让他们进入Play Labs（作者创办的加速器），使他们能够在我们的加速器中争取时间。因为即使几个月后，市场仍然还未完全得到开发。

然后，Button Wallet公司可以进入另一个主要针对区块链的加速器。在此之后，大约在我第一次听说他们的一年后，其他公司也开始进军这一市场，风险投资人开始对这个市场更加感兴趣。在市场机会曲线中，“蓝海”可能还为时过早——你的公司必须找到一种生存方法，直到市场进入成长阶段并得到认可。

真相1

从你满怀激情的事做起

“我认为激情被高估了。激情是留给卧室的……我正在寻找痴迷创业的创业者……”

——布拉德·菲尔德（Brad Feld）

这是经常被无视的建议之一，因此这看起来像是常识。实际上，你可能会说这根本不是一个建议。毕竟，如果不是对自己的工作充满热情，那么为什么还会有人投身一家创业公司，开启激动人心却又充满压力的多年历险之旅？

令人惊讶的是，它一直在硅谷发生。我想冒昧地提出一个非科学的猜测，就是我遇到的50%的创始人并没有对他们所处的市场领域充满热情。但是，这并没有阻止他们在创业之地创办公司并从中赚钱。

这并不意味着他们不热衷于为自己工作或创业（请参阅“创业工具1：创始人动机优先级”）。这仅仅有一种可能，即这家创业公司提供的特定产品或服务并不是他们想要的并为其奉献的。

第二阶段 为旅途加油：募集资金的陷阱

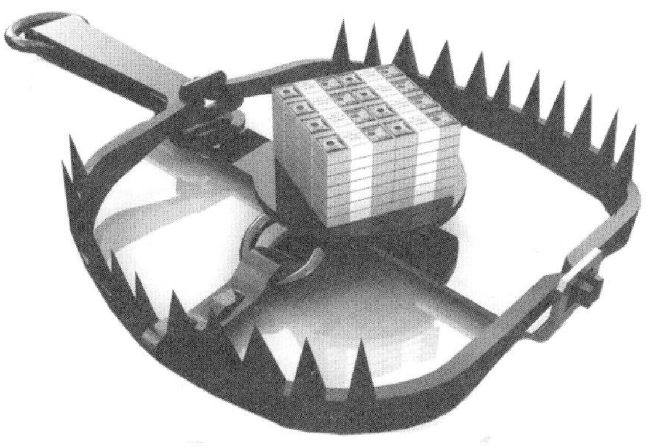

在命运的指引和帮助下，英雄在历险中前行，直到在力量增强区域入口处遇到了“阈限守护者”。这些守护者将世界限制在四个方向以及上下的边界，以代表英雄目前所处的领域或生活范围的界限。超出这些界限，英雄迎来的将是黑暗、未知和危险……

无论何时何地，历险总是穿越幕布从已知进入未知的旅程。而看守边界的力量是危险的，与之打交道充满了风险；但是对于任何有能力和勇气的人来说，危险会自行消退。

——约瑟夫 · 坎贝尔

第二阶段概述

即使约瑟夫·坎贝尔没有明确地将其归为一个阶段，为团队配备恰当的工具也应该是英雄之旅的一部分。因为这是一个持续的过程，通常从旅程的最初阶段开始，并随着导师和其他角色的陆续登场而持续。

大多数（但不是全部）神话之旅都回避了生活中最现实的事，即团队探险的费用从何而来？在现实生活中，特别是对创业公司而言，我们的英雄（那就是你——创业者）负责为公司的创办和发展募集足够的资金。即使在克里斯托弗·哥伦布时代也是如此。他依靠从女王那里得到的资助进行跨海旅行（他以为要去的是印度）。

当卢克·天行者第一次遇到欧比旺·克诺比时，老人给了他一把光剑，并告诉卢克是他父亲要他带着它（授予设备）。

但是他们如何支付离开星球的旅程费用？卢克只好出售自己的陆地飞艇，向韩·索罗和丘巴卡（Chew bacca）支付定金，以确保登上索罗的千年猎鹰号飞船。

在《霍比特人》中，比尔博·巴金斯以忘性大而著名。当他和小矮人踏上“去过再回”的历险之旅时，什么都没带，包括手帕！幸运的是，对于我们的小霍比特人来说，这些事由甘道夫和小矮人负责——“无论如何所有旅行费用都得到了保障”——携带马匹、食物和补给品。在这种独特的情形下，丧葬费居然也列在了他与小矮人的约定中！

在创业的世界里，作为创业者，我们不会像比尔博·巴金斯（记住，他是这次探险的第十四名成员）那样幸运。虽然导师和随行的探险者会提供帮助，但我们才是负责筹备初始设备和补给的人，为我们提供一路所需。像卢克一样，创业者可能必须出售部分资产才能获得足够的创业资金（或是至少要在一段时间内减少开支）！

幸运的是，对于大多数软件创业公司而言，他们所需的硬件并不是那么昂贵，只要有笔记本电脑和云服务器即可上手。但开办一家硬件公司则需要更多的资金，尽管著名的硅谷硬件创业公司（惠普和苹果）都是在车库里创业的！

沙丘之路的神话之旅

幸运的是，现今你不必再向国王或女王化缘，在创业之地，当风险投资人选择押注一个特别年轻的创业公司时，风险投资公司就相当于以往的国王或女王。

在硅谷，过去必须拿着各种文案穿梭在沙丘路[①]上来募集资金。沙丘路是一条风景如画但令人昏昏欲睡的路。它紧靠斯坦福大学（在旧金山以南约45分钟车程），蜿蜒至标定西部边界的大山的山谷，翻过这座山，是太平洋海岸公路和太平洋。大多知名的风险投资公司都设立于此。如果其中的一个风险投资公司拒绝了你，那么你获得风险投资资助的路也就断了。

用《英雄之旅》中的术语来说，我们可以说风险投资扮演了传统“阈限守护者”的角色，确定谁值得留下来继续余下的历险，而这个人必须拥有足够的设备和用来聘用团队其他成员的资金。

如今，无论是地理位置上还是投资者类型上，融资方式都更加多样化。你不用在某条路上进行文案旅行，如沙丘路（或同时代在波士顿的一条等效的路——128号公路）。如今，由于许多年轻的创业公司创始人想住在城市，所以许多风险投资公司已经在市区开设了办事处。现在，旧金山市的风险投

① 沙丘路（Sandhill Road）是硅谷乃至全美最显赫的一条道路，聚集了美国最重要的风险投资机构。如同华尔街是金融机构的象征一样，沙丘路是风险投资公司的代名词。——译者注

资公司数量与沙丘路的一样多，在波士顿、纽约、洛杉矶、奥斯汀和西雅图等城以及其他创业中心也是如此。

不仅风险投资公司的数量多了，而且有不同规模的风险投资公司来满足不同阶段的需求：从种子基金和资本少于1000万美元的加速器基金，到后期拥有数十亿美元投资能力的私募股权基金。

因为脸书、谷歌、推特等科技公司涌现出大量千万富翁，这意味着创业之地中的天使投资人比以往更多。尽管他们可能只投资少量资金（2.5万～50万美元），但对于创业者来说，他们通常是其创业之旅的第一站。

在过去的10年中，早期阶段基金的称谓和构成都发生了变化。“种子轮融资”过去是指进入公司的第一笔资金，接下来是A轮融资（指A轮优先股），这是大多数风险投资家和专业投资者投资时想要的。尽管它因行业而异，但大多数创业公司都是从一轮或多轮的种子轮开始的。一般而言，这是从“三F”［朋友（Friends）、家人（Family）和傻瓜（Fools）］那里募集的创业资金。如今，加速器或孵化器向公司提供第一笔资金已经很普遍了。在Play Labs加速器，我们常常（尽管并非总是）是创业公司的第一笔资金投资人，对于像Y Combinator和500 Startups这样的加速器来说也是如此。

这个阶段的重点是按惯例寻找专业投资者（他们要么是风险投资，要么是天使投资人或天使基金）。专业投资人的工作就是投资创业公司。在某种程度上，他们仍然是当今创业历险的主要“阈限守护者”。

但这并不意味着你不应该考虑其他融资来源，如战略投资者。如今，有许多战略投资者（为投资留出资金的大型公司）正在期待对创新公司的投资。但是（这些大型公司）随着公司的成长以及其地位的巩固，它们的效率变得越来越低，并且创新性也越来越差。

保持创新基因活力的方法之一是投资创业公司，并与这些更敏捷的公司建立合作伙伴关系。而战略投资可以提高你的创业公司声誉，并为你提供业务发展机会。我最近参与的一家创业公司引入了三星和索尼组成的风险投资集团作为早期投资者。与风险投资人相比，尽管两家公司的投资额都很少，但是两家公司的知名度为这家创业公司提供了难以估计的影响力和威望。有时，战略投资也是收购公司的先决条件，当然，关于应该追求哪种类型的投资者是有陷阱的。

陷阱概述

这个阶段的建议是关于如何为公司募集资金、你应该（或不应该）募集多少资金，以及最重要的是从谁那里募集资金。这个过程充满了雷区，这些雷区使许多雄心勃勃的创业者在真正开启他们的创业旅程之前就丧失了斗志。

在经典历险旅程中，如果你通过了他们的检验，“阈限守护者”就会让你继续进行其余的旅程，而对于风险投资，你余下的旅程都将与他们联系在一起！许多创业者都发现，几年后他们会对某一轮的融资感到后悔，并发现自己要么被赶出了公司，要么被稀释到没剩多少所有权的地步，或者两者都有！

我们首先要了解投资公司的思考方式与创业者的看法之间的差异，了解这一点可以帮助你避免向投资方推销自己公司时犯下错误——这可能会导致资金短缺。了解这一点还可以帮助你与合适的投资者接触，并创建一种行销模式，使你刚起步的企业能成功募集到资金。

我们倾向于认为顶级公司的风险投资可以确保未来的成功。从这个角度来看，一家创业公司成为其行业领导者的原因，是它从最佳投资者那里募集了最多的资金。尽管这一说法有一些道理（一家募集更多资金的公司拥有更多资源），但这却掩盖了根本的事实：尽管来自顶级风险投资公司的投资可以提高你的声誉，但另一个可能是，如果你公司的业务已经是所在小型新兴市场的领导者，你就能以更高的估值获得投资。

有时，在一轮融资中获得太多资金可能与没有获得足够的资金一样糟糕！大多数的首次创业者（包括我自己在内）在完成第一轮100万美元以上的融资时都会庆祝一番。但是，这通常是因为我们没有意识到其附带的条件是将划割出巨额的公司股份给投资者。相较于可见的“绳索”（投资条款），更重要的是不可见的“绳索”——期望。对公司的估值和基于这个估值对公司增长的预测，已经将这个期望压在了公司头上。

这种误解通常会使创业者在募集资金过程中花太多时间专注于错误的事情。在此阶段了解陷阱背后的秘密，不仅可以帮助你更好地融资，而且可以让你知道何时应该或根本不应该募集资金！

陷阱4

伟大的产品和巨大的市场是最重要的事

这个阶段的第一个建议实际上是关于创业者和专业投资者如何看待公司“可融资性”（fundability）的差异。是的，“可融资性”一词可能在字典上查不到，不过，这是创业之地中一个非常知名的概念，如果你打算从风险投资人或专业投资者那里募集资金，务必要掌握这一概念。

好消息是，总的来说，创业者和投资者倾向于就评价一家企业比另一家更具备“可融资性”的因素达成共识；坏消息是，对于这些因素的重要程度，他们通常有非常不同的看法，这是构成这一建议的复杂性的一部分。对每个因素含义的不同理解增加了复杂性。例如，风险投资家谈论的“市场”和创业者谈论的“市场”可能是截然不同的事。结果，创业者在筹款宣传中经常会强调错误的事情，这意味着他们不太可能成功募集到机构资金。

自上而下还是自下而上

让我们回看一下，看看大多数创业者如何提出有关他们的第一家创业公司的想法。多年来，我发现创建创业公司的一般方法有两种：自上而下（基于市场）或自下而上（基于产品）。

在自上而下的方法中，潜在的创业团队从他们认为成熟的市场做起。他们分析市场，采访潜在客户，寻找未满足的需求，最后选择可以填补这一空白的产品或服务。曾经，这种方法非常罕见，因为大多数创业公司都是由产品专家创立的，但是随着创业公司变得越来越普遍，这种方法变得越来越流行。在自上向下的方法中，通常是有人先决定做一个“创业公司”，而特定的市场或产品是次要考虑因素。在这种情况下，可以说公司最有可能是由“商务人士”创立的，他想参与“下一件大事”。

大多数创业者至少在传统上遵循自下而上的方法。通常，我们已经做好了进入市场的准备：来自我们之前的工作、学术研究中的某种产品设想，或者作为使用者/客户需要或想要做出的某种还不存在的东西。根据这种产品构思，创业者有时会进行更广泛的市场分析。

通常，我们只是根据直觉和第六感投身进来，然后再担心市场问题（就像我们向风险投资人推荐自己时）。这就是说，大多数创业者，无论他们是否是技术型的，都被投资者视为“产品家伙”（我使用的“家伙”一词是不特指哪一性别的，就像“各位”一样）。

在我的第一家创业公司——头脑风暴技术公司中，我不仅提出了产品的想法（基于我当时在莲花公司所做的工作，莲花公司是当时世界上最大的软件公司之一），而且我还与我的联合创始人一起合写了代码并构建了产品。尽管我们确实为我们的第一个产品找到了几家潜在客户，但在最初创办公司时，我们并没有真正考虑过市场有多大，或者风险投资是否会向我们投资。

我们最关心的是创造出一些客户想要的产品。我已经在这个市场中，因此对客户可能想要的东西有一种直觉。在新成立的公司中，我的头衔是CEO，但由于我有技术背景，因此从风险投资的角度来看，我仍然几乎是“产品家伙”。确实如此，当我们发布第一个产品并且公司发展到不只我们两个人时，我通常就是那个在构思产品创意的人。从长远来看，让产品型人士同时负责商务运营可能很困难，这常常导致投资者聘请首席运营官（COO）或替代创始人担任CEO。这是我在头脑风暴技术公司发生的事情——我们的投资者最终决定聘请专业管理者担任CEO（这对公司来说也不总是一件好事）。

即使你没有编写初始产品代码，也可以成为“产品家伙”。例如，在香港从事证券备案文件工作的古林德·桑加（Gurinder Sangha）是一位沃顿商学院培养出来的律师，他有一个产品创意，可以使他和其他律师的生活更轻松。于是，他成立了自己的第一家科技公司——名为Intelligize的法律文件服务公司，公司主要帮助学法律的人更容易地创建证券交易委员会备案文件。

他没有技术人员，因此他聘请了一家外包公司，并最终聘请了一名全职首席技术官（CTO）来帮助他。尽管他的头衔是CEO，并且是受过培训的律师，但在公司成立的头几年，他仍然是“产品家伙”。他是设计产品并决定发布版本中应有哪些重要功能的人。

当产品专注型创业者募集资金时，他们凭直觉知道他们需要一个大的市场，因此，他们利用规模庞大的市场数据，同时仍将重点放在他们要构建的产品上。这两件事都做得很好，特别是当你向非专业投资者推销时。但向那些经验丰富的天使投资人或风险投资基金合伙人推销时，你就会跌跟头。

这并不是说好的产品对风险投资人来说并不重要，这当然很重要，只是当他们将你的公司作为潜在的投资对象评估时，这不是他们想到的第一件事，甚至不是最重要的事而已。

风险投资人重视的因素

假设我对首次（有时甚至是第二次或第三次）创业者进行非正式调查，让他们对风险投资公司合伙人对其公司进行投资的重要因素进行排序，那么按从最重要到最不重要，他们可能给出的排序是：

（1）产品。最重要的是一个很棒的产品创意——它是什么？为什么它比竞争对手的要好？以及为什么客户需要它？

（2）市场规模。大多数创业者意识到有必要追求一个大市场。正如我们在“陷阱1：建立一个10亿美元的公司”中所讨论的那样，大多数创业者都想表明他们的市场“非常大”，以打动投资者并向他们展示如何建立下一个谷歌或脸书。

（3）团队。创业者认识到他们团队的背景很重要，但通常他们低估了团队对风险投资公司制定融资决策的重要性。

（4）受欢迎程度。创业者本质上是乐观的，他们相信“受欢迎程度将在我们构建它之后出现”，因此他们倾向于认为它在筹款过程中的重要性并不那么大。

（5）其他一切。

而真实情况是，如果你问大多数风险投资人他们重视的因素的优先级是怎样的，他们会说出相同的因素（产品、市场、团队、受欢迎程度及其他所有因素），但排列顺序可能完全不同。

了解风险投资人重视的因素的优先级是不同的，这一点非常重要，因为它可以改变你向潜在投资者推荐公司的方式，并且可以增加成功的可能性。当然，并不是所有的风险投资公司都是一样的。但是公平地说，他们的优先级序列通常是这样的：

（1）团队。创始人的背景通常是风险投资最重要的考虑因素之一。对于没有任何（或很少）收入的早期创业公司来说越发如此。

（2）市场机会。今天的市场规模并不像创业公司在今天市场上拥有的机会那么重要（这与新兴市场所处的阶段有关，请参阅“创业模型1：创业市场生命周期”）。

（3）受欢迎程度。如果你的产品在市场上受到欢迎，这就是一个显著的外部证据，这对于A轮融资至关重要。如果并没有受到欢迎，就会引起风险投资人的犹豫。

（4）产品。产品特点很重要，但是在某些方面，产品特点不如团队、市场机会和受欢迎程度重要。

（5）其他一切。

一些风险投资人将前两个优先事项互换，并将市场机会视为最重要的事情。

随着公司的发展，你将从种子轮转向A轮募资或更多轮次募资，优先顺序通常会发生变化。传统上，“A轮”是公司的第一优先股，其次是“B轮”“C轮”等。通常，种子轮融资与A轮及之后融资形式不同，因为当今大多数种子轮融资都可以做成可转换票据，而不是优先股。在种子轮之后（当然在A轮之后），重要性顺序发生变化：

（1）受欢迎程度。

（2）市场机会。

（3）产品。

（4）团队。

（5）其他一切。

为何投资者要把受欢迎程度放在产品和市场之前？我们将在“陷阱5：两个人和一项事业要比两个人与一个计划好”中对此进行详细讨论。现实情况是，风险投资人正在下注，通常是在市场上和某些人身上下注，并且能表明这是一个正确赌注（受欢迎程度）的证据越多，他们就越有可能对你下注。

在这样的情况下，好的产品有了，但这对成功是必要但不是充分的条件。这就是为什么它很少在专业投资者的清单中排在首位。

投资者寻找的细节

从专业投资者的角度，让我们更详细地研究每个因素。

第一，团队。在创业公司的初期，对大多数专业投资者而言，创业团队（或者只有一个创建者的情况下）通常是他们考虑的第一或第二最重要的因素。风险投资人根据他们之前资助过的团队寻找规律，并探寻团队“值得资助”的方方面面。如果团队（尤其是CEO）不具备这些特征，那么即使他们有兴趣投资该市场，风险投资人们也会放弃。

是什么使团队值得资助？虽然没有完整的列表，但以下一些元素可以提供帮助：

（1）信誉。是什么使团队或创业者具有信誉度？你可以从长期的市场经验中获得信誉，但又并非总是如此。许多经验不足一年的年轻团队都获得了新市场的创业资金。在这种情况下，信誉度更多的是对该产品正在进军的市场的深入了解。它可能来自已经在市场上出现的产品，也可能来自相关的学术项目。

在一个新兴的市场中，一年的经验可能比其他人拥有的都多，因此，如果一个刚出校门的团队已经在一项新技术上坚持了一年之久，那么这可能会使他们成为市场上最可信的团队。当网景（Netscape）获得资助时，曾在伊利诺伊大学创建第一个被广泛使用的网络浏览器马赛克（Mosaic）的马克·安德森[①]（Marc Andreessen，产品人士）对网络浏览器的了解比其他任何人都多。

在先前列举的示例中，创办了非常成功的证券法律软件公司Intelligize的年轻律师古林德·桑加并不是当时经验最丰富的律师，他甚至不是律师事务所的合伙人。但是，作为证券律师并且了解律师所面临的问题，使他比一个突然决定要构建“法律软件”的技术人士具有更高的信誉。

（2）陈述风格和使人感兴趣的程度。团队（尤其是CEO）能否清晰地描

① 马克·安德森是网景的联合创始人。——译者注

述机会，以使投资者对市场以及团队应对市场的能力感到有兴趣，这与气质和表现风格有很大关系。

我曾经向某风险投资家介绍了一位创业者（他是一位具有博士学位且非常强势的技术人员），而风险投资家给了我以下反馈："这个人太古怪了。我不认为这家伙是值得资助的CEO。"风险投资家不是在评论创业者的技术信誉（他具有制造产品的技术背景，甚至拥有专利），而是在评价他向投资者展示时是否可信。

创业者的热情和对市场的一般性承诺也被考虑在这个因素中。在推荐会上，重要的是能否遇到真正对市场有兴趣的人，甚至更重要的是，在后续会议上是否也会遇到这样的人。正如"真相1：从你满怀激情的事做起"所述，布拉德·菲尔德不喜欢激情一词，而是说："我寻求的……在某种意义上，是那些痴迷于他们所做的事情的创业者。"痴迷的意思是指团队"将做x、y和z，直到他们做完才会停下来"。

（3）学习和适应。在撰写本书时，我采访的专家之一是兰迪·科米萨（Randy Komisar），他是硅谷风险投资公司之一——凯鹏华盈公司的合伙人。兰迪说，他在团队中寻求的第一要素是他们在工作中的学习能力。

兰迪继续说道："每个人都说他们投资的是优秀人才，每个人都认同创始团队必须聪明，他们需要非常勤奋，必须有诚信——如果他们不具备这些，那么绝对不能对他们投资。但从根本上说，成为一名伟大的创业者所应具有的特征，排在这三条之后，我最关注的是，他们会在工作中学习吗？或者在做事的方式方法上他们是教条的吗？"

如何寻找？兰迪说，他质疑团队的假设，并观察他们的反应。一方面，如果他们适应他提出的问题和反对意见，这将有助于他理解他们将如何应对公司后期的意外挑战。如果他们能够适应，他将其视为能够获取新信息并"在工作中学习"的标志；另一方面，如果他们不顾一切地驳回他的反对意见，表示尽管有这些反对意见，他们仍然会成功，而没有向他展示如何做或为什么这么做，他就认为他们将无法在工作中学习。

第二，市场机会。对团队而言，第二重要的是市场（对于某些专业投资者而言，市场比团队更重要）。现在，这里重要的不仅是市场的规模，还有市场现在所处的阶段。如果市场过于成熟，即使它很大也可能会在某一阶段上保持增长，但可能已经有难以撼动其位置的企业。试想一下，在三星、苹果和其他公司已经统治智能手机这个市场几年之后的2014年，一家公司想要发布新的智能手机，进入这样一个困难的市场，需要数亿美元。

让我们回头再看移动智能手机游戏市场，该市场兴起于2008年，当时苹果公司发布了iOS应用商店。拥有曾在美国艺电公司担任过视频游戏行业高管经历的尼尔·杨（Neil Young），之所以能够为其新公司梦宝谷公司募集风险投资，主要基于他的经验（团队）外加这个新的、令人振奋的市场（市场机会）所处的阶段。最重要的一点，就是当时移动智能手机游戏市场所处的时期，它正从新生阶段进入成长阶段，并且一些有远见的风险投资家开始嗅到机会。

在接下来的几年中，许多手机游戏创业团队获得了资助，虽然许多人并没有尼尔·杨及其团队拥有的游戏行业经验。然而，他们确实制作了出色的游戏，并且在很大程度上受到欢迎，这为他们赢得了信誉。

到了2013年，市场周期已经过去，并且很难（虽然不是不可能）让风险投资公司将钱投入新的手机游戏，梦宝谷公司在2010年就已经以近4亿美元的价格卖给了DeNA公司。

现在，市场规模仍然很大（2013年，手机游戏已成为数十亿美元的市场），并且还在不断增长。实际上，它比2010—2011年许多公司获得资助时要大很多。但是，市场机会变小了，如“创业模型2：创业机会曲线”所示。这种情况在接下来的几年中一直持续，直到2016年市场成熟为止。在

2017年它已经发展成为一个价值300亿美元的市场，现在已经成为全球1000亿美元视频游戏市场的最大组成部分。

2013年，我问梦宝谷公司的最初风险投资人，他是否仍在关注游戏（因为该领域的领导者仍有很多钱可赚）。他说，他已经没有兴趣在这个领域继续投资。这个市场上已经有太多新的参与者了，包括DeNA公司和GREE公司这样的大型上市公司都渴望成为领导者，而且他们有很多钱可支配。

简而言之，市场机会不再是“绿色领域”，这是投资者用来表述这样的市场阶段，即这对于小型创业企业来说是相对容易建立其领导者名望的新生市场阶段，而不是成长中的市场。

正如我们在“陷阱3：你必须率先进入市场”中所看到的，风险投资并不总是在寻求第一家出现在市场上的公司，他们正在寻找的是能够主导新市场的公司。当我们查看创业模型2中的资本需求曲线时，我们看到随着市场进入后期阶段，对市场产生影响所需的资金数量非常庞大（如手机或汽车）。

无论如何，在市场尚处于新生阶段时，过早下的赌注通常也不会是一个大赌注，因为市场可能尚未开发，并且公司会过早地把钱烧光。聪明的风险投资人期望找寻一个早期的玩家或领导者，而此时市场开始成长但尚未爆发。对风险投资人而言，关键是进入一家只用少量资金就可以产生很大效应的公司。

当米奇·刘和阿努·舒克拉（Anu Shukla）在2007年创立社交网络公司Offerpal时，社交网络市场已经有了许多参与者，包括“我的空间”公司和脸书。你可能会说当时的社交网络市场正日趋成熟。然而，随着脸书和“我的空间”开放其API，对于社交网络应用程序来说，一个新的市场机会出现了，其中最流行、利润最高的是游戏。这个市场发展非常迅速，催生了众多公司，如Zynga（《乡村度假》的制作者）和King（《糖果粉碎传奇》的制作者）等。后来在2010年，当Zynga公司成为脸书游戏中的主导者时，在这个市场上获得资金资助就变得非常困难了，因为它在一定程度上已经成熟，尽管移动应用程序市场正变得越来越大。

第三，产品。如果市场有潜力且团队是合适的，那么专业投资者将调查该产品是否会成功，是否将支撑起建立一个强大的公司。

这意味着要仔细研究产品背后的技术，与其竞争对手做比较，研究该产品的功能、差异化特征及其市场地位，更不用说还有与该产品相关的商业模式（即其定价）了。在考虑其他因素之后才考虑这一步骤，是因为通常由风险投资支持的公司的第一个产品可能不是使该公司实现突破性成功的产品。

团队必须足够敏捷和知识渊博，才能根据不断发展的市场状况研发新产品。可实际上，风险投资业还有一个"肮脏"的小秘密，即许多风险投资人并不是真正有资格判断你的产品是否比竞争对手的产品更好。所以，他们只是在市场上寻找证据——以受欢迎的程度作为考量。

兰迪·科米萨抱怨说，在谈论产品时，大多数创业者都不知道如何证明自己的产品与其他产品确实有所不同——它的防御能力。"每个人都会带来他们认为独特的产品，"兰迪说，"粉红色的应用程序代替绿色的应用程序并没有使其具有独特性。但大多数创业者不了解，从内核上讲，它与其他App真的是一样的。他们需要从核心层面上解释为什么它更好或有所不同。"

兰迪解释说，在论及产品时，创业者不仅要谈论功能，还应该谈及他们如何从第一个产品着手建立公司。兰迪说："如今大多数创业者都钻进牛角尖，相信功能就是产品，产品就是公司，公司就是事业。他们不了解三者的区别。他们带来了一款他们认为在市场上可能会有良好表现的产品，然后就理所当然地认为这是一项事业。"

创业成功的秘密4

对于早期的风险投资人来说，市场机会和团队通常是最重要的。

如果市场有潜力且团队是合适的，那么专业投资者会花足够多的时间和精力来研究产品的具体特征及其所需要的一切，包括产品的功能、价格、业务模式和差异化竞争优势。

如果这些因素都不对，那么你的公司或风险创业公司可能不适合风险投资。一遍又一遍地宣传功能1和功能2，以及为什么你的产品如此出色，并不一定会增加你获得融资的机会。相反，这只会惹恼风险投资人，让他们缩短你的会议时间。

请记住，大多数风险投资公司每年只对少数几家公司说“是”。实际上，一位著名的风险投资人告诉我，他们合伙关系的结构使得每个合伙人每年只能加入两个新的董事会，这意味着他们每年只能进行大约两个新的投资。以这种速度，到基金成立第五年，每个合伙人可以加入十个董事会，这意味着要出席许多董事会活动。

结果，风险投资人大部分时间都在为说“不”寻找借口。尽管有许多表面上的理由（“他们开会迟到了”“他们穿着不便”“他们幻灯片中有错别字”“他们幻灯片中没有足够的图形”），但这些并不是风险投资人拒绝的真正原因。

通常，这是因为他们认为市场发展太快，市场永远不会变大，或者他们对团队有担忧。最后两个是相关的，因为风险投资人可能会认可市场，但并不认为你的团队是竞逐这一市场的最佳团队。在这个建议之后的案例中，我们将更加仔细地研究这些原因。

了解风险投资拒绝的理由，可以让你从第一次会议转到第二次会议时，处于一个更有利的位置。这就是第一次会议的目标——不是要获得投资。当转到第二次会议时，你真正要做的就是使风险投资人相信市场处于正确的阶段（而且，在“陷阱6：与尽可能多的投资者交流”中，我们会看到，风险投资人近乎使他们自己相信市场值得投资），并且你的团队是可靠的。他们需要看到你比其他任何人都更了解这个市场。

当然，这并不能保证一定会有资金注入，但它确实会使你离召开后续的会议更近了，在这些会议上你和风险投资人将详细讨论你的产品和指标。

其他的资金来源

当然，风险投资并不是创业公司唯一的资金来源。如果你刚刚起步，那么你将与单独的天使投资人打交道，并且可能正在与加速器——如我自己的加速器Play Labs@MIT、TechStars，或者你所在大学/家乡的本地加速器打交道。

一般而言，天使投资人或加速器用来接纳创业公司的标准比大多数风险投资公司的标准低。但是，这并不意味着你可以忽略这个秘密或它所包含的经验教训。尽管获得加速器的接纳比获得风险投资要容易，但你可以将它们视为同一条道路上的一个航点。当你与加速器接洽时，你并不一定要回答风险投资人提出的那类问题，但是你必须考虑类似的问题。

许多加速器（和专业天使投资人）考虑的其他条件不在此表单中。他们想知道的是，当创业公司离开加速器后是否会有风险投资公司对该公司进行投资。为了确信这一点，加速器的合作伙伴会去了解该公司是否已经具有风险投资公司认可的并受到欢迎的特性。通过这种方式，一方面，你可以将其向加速器和种子基金进行推荐，并将其视为向常规风险投资基金进行宣传的第一步；另一方面，许多天使投资人将资金投入一家创业公司的依据是他们与创业者的关系，或者是否有他们知道的其他天使投资人正在投入资金。再或者，他们可能只是喜欢这家公司的产品，抑或知道这个市场是“巨大的”。他们的标准可能会更好地代表建议中表达的标准：好的产品和巨大的市场。

现在，许多天使基金已经开始在一些地方进行合作，如硅谷、波士顿和纽约等地。这些基金所用的准则更接近加速器的要求，这家公司能否把自己推销给风险投资人，并在不久以后募集更多资金？这意味着任何向“专业天使投资人”的宣传推荐都应被视为向风险投资人推销的第一步。

当然，让风险投资公司给你投资的最佳方法是在业务上取得一些进步。这可以使你快速建立一家赢利公司，在这种情况下，除了扩张，你就不再需要风险融资了。在这一点上，正如我们提到的，你的产品指标和市场受欢迎程度就成了最重要的标准。

在下一个建议“陷阱5：两个人和一项事业要比两个人与一个计划好”中，我们将进一步讨论这两个标准——指标和受欢迎程度，因为这是任何投资者想要投资创业公司的原因中最为重要的一部分。

莎拉·唐尼谈风险投资为什么拒绝

波士顿风险投资公司合伙人莎拉·唐尼（Sarah Downey）在她的博客中描述了风险投资人拒绝的诸多理由。

莎拉说，有时候，风险投资人很难与人分享他们不投资的真正原因。通常，他们拒绝的原因是因为团队本身。当他们的真正原因是对团队的执行力没有信心时，他们可能会说“竞争太激烈了”。

团队在莎拉的投资意向清单中排在首位。在以下的讨论中，让我们更深入地研究哪些与创始人相关的原因会导致风险投资人拒绝。

- **消极的创始人或团队动力小。**这个范围很广泛，从有太多的联合创始人（超过3名）到创始人的工作头衔相互侵扰（公司成立之初既有CEO又有总裁是一个极大的危险信号）。或者，如果创始人们没有团结一致，总是在彼此争论不休，或者有人贬低团队的其他成员，这样的消极因素在开会时就可能被发现。
- **缺少关键人物。**这是个显性因素。例如，团队可能没有首席技术官、营销副总裁或产品副总裁。
- **创始人不是使命驱动型。**创始人似乎不太在意正在投身的事业，或者只是为了高薪或挣快钱而加入团队。莎拉举了“x的区块链”的例子，在2017年比特币的价格从每个1000美元升至19000美元之后，仿佛每个人都投身于“区块链”市场了。
- **不诚实。**有时，创业者会在风险投资会议谈及一些事项，而后来却发现这是假的。不诚实是会被立即取消资格的。风险投资人几乎总是会随机检查参考事项（通过打电话给你可能认识但未列入参考人名单里的人）来寻求诚实的反馈。
- **CEO或创始人不令人信服。**这是最难定义的，但也许是最常见的。萨拉说，CEO将是面向公众的人，必须展现令人信服的一面。此外，CEO必须能激发投资者和团队的信心——许多CEO没能做到这一点，是因为他们热情不足，知识不够渊博，或者只是缺乏难以用言辞表达的“特殊之处”。

陷阱5

两个人和一项事业要比两个人与一个计划好

在20世纪90年代后期的互联网泡沫中，一种新的神话原型在硅谷兴起，并很快传播到其他技术中心。两个人辞掉了公司的工作，并整理了一个精美的PowerPoint演示文稿，文稿介绍了他们将如何使用互联网"颠覆"一个行业。

不管是什么行业，无论是书籍还是宠物，只要它处在一个"传统"行业，随着互联网的到来都将被颠覆。这些神话般的家伙走了进来，被来自多家风险投资的多个风险投资协议所征服，然后带着他们选中的投资者和银行中的数百万美元离开！

实际上，这在20世纪90年代确实时有发生，但并不像流行文化那么频繁。

而后，在21世纪初网络泡沫破灭之后，这种情况变得非常罕见。从那以后，风险投资人一直希望看到受欢迎的项目。通常，这意味着你必须研发产品（或是靠一己之力，或获得一定程度的天使投资，或者参与孵化器/加速器计划）、发布产品（至少进入测试阶段），然后在大多数传统风险投资公司考虑将数百万美元投资到你的A轮融资之前，展示市场给出的答案。

此后，这发展为融资过程中的一种新的主流观点。

两个人和一项事业（即实际存在的产品或服务）比两个人与一个业务计划（或PowerPoint演示文稿，因为很少有人写完整的业务计划，至少在硅谷还没有）要好。

风险投资人并没有水晶球

这个建议实际上归结为受欢迎程度或缺少受欢迎程度的重要性，以及它对你募集资金能力的影响。事实上，尽管风险投资人和天使投资人不愿承认这一点，但大多数时候他们真的不知道你的产品或服务在市场上会表现如何。风险投资人拥有某种水晶球的想法并不真实，因为他们的预测能力很可能并没有比你强。回想一下那些对早期公司进行投资的著名案例（例如苹果、谷歌、聊天群组Slack公司等），那么风险投资公司真的知道公司的商业模式将如何发展，或什么样的产品会使公司最终成功吗？

可能不会。

典型事例：谷歌眼镜（Google Glass）。2013年，有一张重要的照片广泛流传，硅谷有很多著名的风险投资人都戴着谷歌眼镜。这张照片超越了硅谷这片区域，登上了《福布斯》《纽约时报》等。此时，谷歌眼镜已被誉为“下一件大事”，创业之地中最著名的两家风险投资公司——安德森·霍洛维茨和凯鹏华盈公司领导了一项向谷歌眼镜相关的创业公司投资的计划。我记得凯鹏华盈于2008年成立了iFund基金来投资与iPhone相关的公司。这个新兴市场（智能手机应用程序）产生了许多成功的公司，因此这是向市场发出的一个“信号”，即这个新平台——谷歌眼镜，可能会跟随相似的轨迹并成立多个成功的创业公司。

不幸的是（对于在此新平台上投资或创办公司的所有人），一年之内，谷歌眼镜被认为是已淘汰的平台，谷歌将其重新投入开发以对其进行重新配置。尽管有一天类似谷歌眼镜的平台可能仍然有市场，但现在明显不是时机。增强现实技术（AR）市场的确在几年后开始发展，但那时谷歌眼镜已经倒退回图板阶段，并不是主要玩家。

这张“无所不知的风险投资人”戴着滑稽眼镜的照片经常被当作风险投

资公司无法真正知道哪个市场将要成功的例子。他们倾向于做跟随其他风险投资公司的“牧群”。在风险投资公司中，有一些个人合伙人比大多数人具有远见卓识和更好的业绩记录，但这更加表明了市场的不可测性，它往往不会沿着“共识”的轨迹前行。

来看一下皮克斯动画工作室（Pixar）。当乔布斯从卢卡斯影业买下它并投入一笔可观的资金时，它还是一家计算机硬件公司。尽管某些关键团队成员，特别是艾德·卡姆尔（Ed Catmull）和约翰·拉塞特（John Lasseter），想要制作动画电影，但这不是乔布斯的愿景，也不是该公司的产品。每个人都认同该公司可以创建革命性的图形技术——但很长一段时间内，乔布斯一直希望它成为一家出售皮克斯计算机的硬件公司，就像他过去的几家创业公司——苹果公司和NeXT一样！

它可能会转型成为过去50年来最成功的电影制片商，这是最好的情况，也是意外。公司经历的旅程好比他们在电影《飞屋环游记》中所经历的旅程，这部影片一经上映，就取得了巨大成功，但在成功之前，公司经历了许多曲折。正如艾德·卡姆尔自己在他的《创新公司：皮克斯的启示》（*Creativity, Inc.: Overcoming the Unseen Forces that Stand in the Way of True*）一书中所写，最终产品与原始脚本完全不同。卡姆尔写道：“道路是困难和不可预测的……没有任何前兆可以指明它从何处开始并在何处结束。”

实际上，你可能会说，经验法则就是“没人知道”，这是好莱坞编剧威廉·高德曼（William Goldman）在他备受赞誉的回忆录《银幕产业大冒险》（*Adventures in the Screen Trade*）的结尾所写。

实际上，这个类比并不糟糕（尽管有局限性）。有时，在电影业中，制片厂押注某个特定类型是“热门”（如科幻、罪恶、浪漫、超级英雄电影），并找到可以执行的团队。而就风险投资人而言，他们大多正在押注一个快速发展的新市场（如个人电脑、搜索、动画）和一个他们信任的团队去“执行”，而不是押注特定产品本身。随着新市场的发展，投资者希望团队能够利用其对市场的了解，来勾画出适当的商业模式和附带产品之类的东西，这对打造一项真正的业务来说，几乎永远是必须要做的，无论第一个产品多么成功（或不成功）。

投资者关注的外部证据

如果投资者并不知道你的产品或商业模式是否会成功，他们如何确定你的公司是否是好的投资项目?

简洁的答案是，投资者正在寻找外部证据。该证据以产品受欢迎程度为判断标准。在互联网时期，由于许多完全不够受欢迎的公司获得了投资，因此通常你可以简要地向分析师介绍你的产品（有一些全行业技术分析机构，例如信息技术研究和分析公司加德纳，弗雷斯特研究公司和许多专注于特定技术的细分行业分析机构），这就足够了。如今，这些不算是真正的证据——你需要表明实际客户或业务合作伙伴关注你的产品或服务，并且愿意（或将会）为此付费。

当然，如果你正在开发一个新的移动企业软件应用程序，并且已经有10个《财富》500强企业在使用你的产品，那将是最好的证明。即使这个产品还没有完成，但那已经是一件天大的好事了。

即使是脸书，一个在成长过程中不赚钱（并在此过程中募集了不可思议数量的资金）的完美例子，在募集第一轮外部投资时已经被证明。该网站被市场接受，并被大学生广泛使用。首先是在哈佛大学，然后是斯坦福大学和其他大学。实际上，脸书的使用指标使投资者确信这是“下一件大事”。这是在电影《社交网络》中的一个虚构场景，肖恩·帕克（Sean Park）和斯坦福大学的一位女大学生在一起，她在第二天早晨要做的第一件事就是去“检查脸书”，而帕克从未听说过该网站。对于面向消费者的网站和应用程序，使用情况统计信息（网站或应用程序的使用频率）比拥有令人惊叹的用户总数更为重要。

我记得自己曾经告诉一位创业者，他需要更多的潜在客户（更多的受众）来吸引风险投资者（他已经从天使投资人那里募集了资金，一些风险投资人也对其表现出少许兴趣）。他对我的回答是：“这是胡说八道。我不需要那么多受众，我有专利！”

现在，在高科技领域，如药品、网络硬件或计算机安全（这是他的产品所在的领域），你可能需要的只是一项专利或一组专利，或者仅仅是一个产品，具有别人认为很难或做不到的功能。

即使在这种情况下，如果它是复杂的专利或产品，收购方和投资者也至少要通过让试用客户验证其描述，来查看该专利或产品确实有效的证据。这就又回到了你已经知道的——展现你的受欢迎程度。这位特别的创业者尽管拥有多项独特的专利，却从未在市场上获得任何真正的反响。在没有表现出有受众的情况下，潜在的风险投资者和收购者在拿出真金白银投向未经验证的技术（尽管拥有专利）时，就变得踌躇。因而，在第一轮小型天使融资之后，他也就没能募集到任何可观的资金。即使他认为“受欢迎程度”的作用被高估了（用他的话说是“废话”），“受欢迎程度”（或“缺乏受欢迎程度”）还是反过来咬了他一口。结果是，他错过了一个能让他渡过难关，获得风险融资的机会。

什么是第一位的，是受欢迎程度还是资金

在撰写本书时，我采访了位于博尔德的著名风险投资公司Foundry Group

集团公司的合伙人布拉德·菲尔德，他是著名的风险投资家和作家。当我问他创业者在募资时所犯下最大的失误是什么，他说许多创业者来向他募集资金，以便他们去生产，然后在市场上博得一席之地。但这样不行。

布拉德说："我认为很多人实际上并不了解不要把筹款当作驱动因素的重要性。换句话说，你获得的融资是由于你所做的事情，而不是为了实现你所做的事情，而且我认为许多创业者都被这种误解所困扰。他们把融资视为能让他们在业务中取得进步所必须要做的事情。"

布拉德补充说："事实上，在你获得融资之前，你就已经取得进步，这使你获得融资的机会大大提高。这不是在论证发展要靠自己，这仅是为了让人们认识到融资将跟随你正在做的工作，而不是跟随你所拥有的想法。"

换句话说：先获得受众认可，而后你将获得资金，不要向投资者保证你将使用他们的资金来获得受众认可。

受欢迎程度只是中等水平会更糟糕

但是在募集资金时，不受欢迎可能是致命的，这可能会颠覆你的传统观念。这听起来可能很奇怪，但是在募集资金时，两个人和一个商业计划实际上比已经运营了很久的公司更有潜力。如果你已满足了一些投资所需指标，但你的受欢迎程度充其量只是中等水平，这会比根本不受欢迎更糟糕！

例如，如果你已经将产品引入市场，但是没有人（或者很少用户或客户）使用该产品，那么与根本不引入产品相比，这是更大的问题！

如果你想为这并不太受欢迎的产品募集销售和营销资金，潜在的投资者会非常迟疑。那是因为经验丰富的投资者希望你能展示出该有的受欢迎程度，即产品不仅该被证明有效，而且人们还希望使用它！这可以通过付费客户采用率或一组表明客户正在使用该产品（即使它是免费产品）的指标来展示。

在免费手机游戏的世界里，我花了很多年的时间来熟悉这个领域，我们通常会查看一些关键指标，这些指标告诉我们一款游戏的用户保留程度（1天、7天或14天）以及游戏的赢利能力（我们查看了ARPDAU，即平均每日活跃用户收益）。如果一个游戏已经制作完成或大部分完成，我们会有试运营或测试期。其间，该游戏将发布给一小部分但在统计上数额显著的用户，因此我们可以看到它的指标与其他游戏相比的结果。

受欢迎程度的另一面是，如果游戏已经制作完成，并且指标与行业内其他指标相比较低，那么你将很难募集到销售和营销资金。在残酷的手机游戏世界中，获取用户的成本可能非常昂贵，因为该市场已经不是在市场周期的初始阶段。你可以每月轻松地花掉50万美元或更多的广告费用。如果该游戏不受欢迎，那么这笔钱很可能打水漂，因为你是通过广告付费获得的首批用户，但是这些用户基本上会在第一天之后就放弃游戏。这使投资者感到紧张（理应如此）。

因此，为开发新产品募集资金实际上比为运营指标差的企业募集资金要容易得多。这又一次归结为市场阶段。在市场的新兴阶段，成长阶段和超热市场的第一阶段尤其如此。

让我们看一下两个手机游戏公司的示例，它们成立于2011—2012年，当时手机游戏行业已经处于超热阶段（2012—2013年，市场走向成熟）。

游戏公司Bionic Panda有一款名为《水族精灵》的游戏，该游戏在安卓市场上已有数百万次下载量。他们在2012年1月从谷歌风险投资公司等公司募集了资金。同样在2012年，游戏开发商Wormhole Games由Funzio公司的两名成员创立，该公司是一家成功的游戏创业公司，出售给了GREE公司。他们于2013年在iPad上发布了自己的游戏《坦克国度》（*Tank Nation*），并获得了很好的评价。

这两个团队都能够根据创始人的背景来募集资金，而无须展示很多指标。从这一点上看，投资者仍在寻找优秀的团队来支持这个快速增长的、超级热的市场！那些错过了最初阶段的投资者想加入“下一件大事”，许多曾经投资并已经退出的公司希望再现辉煌，这正是推动市场从增长向超热转变的原因。

2014年上半年，我与两家公司的创始人进行过交谈——两家公司都无法依靠游戏的收入维持公司运营。此外，在首轮融资后，他们无法从风险投资那里募集更多资金，因此不得不关闭。

这两个团队都是很有经验的（了解各自行业的创业者），并且其游戏获得了良好的用户评价。但他们为什么不能募集到更多的资金？因为市场发生了变化！到2014年年中，手机游戏市场显然已经进入成熟阶段，要使游戏成功，你需要可靠的指标和比前几年多得多的资金才能产生影响。

就其本身而言，这不是问题，但是两家公司的游戏显然都没有给出可以让投资者感到兴奋的指标，即使团队的背景让他们在早期阶段就获得了资金。

这是一个很好的例子，当他们只有一个计划，而没有一个正在运作的企业时，反倒更容易募集资金。当他们开展业务时，效益并不显著，募集资金就变得很困难，他们不得不关闭公司。

什么时候两个人和一个商业计划更好

我知道这与我刚才所说的受欢迎程度是背道而驰的，但请原谅我。

回到“陷阱4：伟大的产品和巨大的市场是最重要的事”，秘密是团队和市场机会在某些方面比产品本身更重要。

如果你处在没有专家的新市场中，并且拥有一支信誉良好的优秀团队，那么你可能在不被市场认可的情况下从专业投资者那里募集到资金。在市场白热化、投资者都希望参与进来的时候，通过展示一个初始产品，甚至是一个PowerPoint演示文稿，你仍然可以募集到资金。

当然，只有当你处在一个人们认为可能是“下一件大事”的热门市场，并且你的团队在这个领域有一定说服力时才有效。比如你有一批强大的技术人员，他们都在谷歌的安卓核心开发团队工作，并且你正在为X领域开发下一套应用程序（切入移动应用程序市场）。如果风险投资人认为X市场是下一个大市场，他们会对提前进入不感兴趣吗？

因此，在某些有限的情形中，两个人和一项业务计划实际上要比两个人和一项事业要好，但仅限于某些情形！

创业模型3：
什么时候受欢迎程度重要，什么时候不重要

真正的秘密在于了解自己在创业市场的演变过程中处于什么位置，如我们的“创业模型1：创业市场生命周期”所示。

我们已经深入研究了模型的不同部分。在模型的扩展中，我们将阶段分为两部分（大致相等），如图5–1所示，以我所说的拐点为分界。

如果你位于拐点的左侧（包括新生阶段、成长阶段、超热阶段的前半部分），那么简单地制订一个具有一定可信度的好计划就可以了。你不必展示出良好的数字或受欢迎程度就可以募集资金，你只需要证明其在市场上的信誉和有足够好的计划（两个人和一个商业计划）即可。专业投资者会认为你足够聪明，能够搞定它。

如果你位于右侧（生命周期的下半部分：超热阶段、迈向成熟阶段、成熟阶段的下半部分），那么你必须展示出一定的受欢迎程度，通常它不仅仅

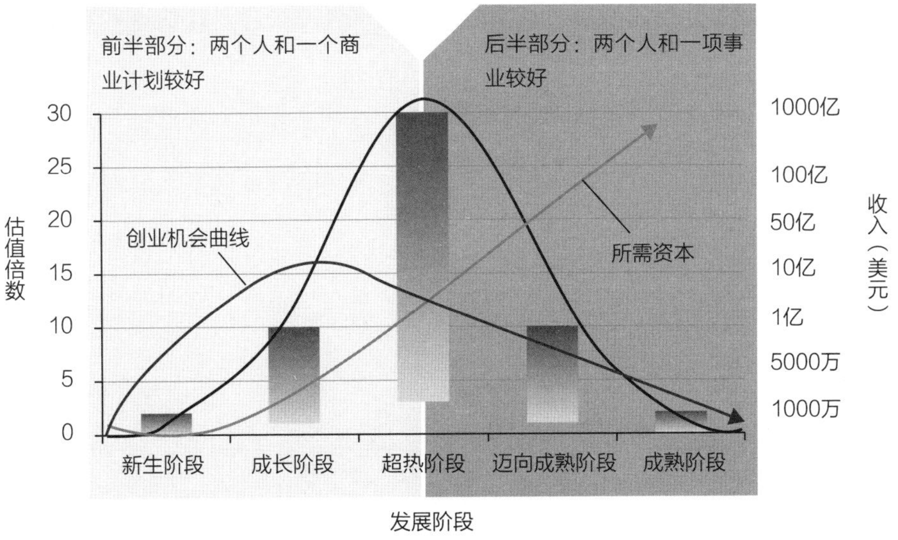

图5-1　市场的两个部分

是原始用户数或网站点击率。正如我们提到的那样，在手机游戏领域中，这意味着真实的获利和保持指标——并且越靠近图表右侧，就越需要显示出更多的收入或利润才能使专业投资者感兴趣。在市场的成熟阶段，私募股权投资者（后期风险型投资者）只关心一件事：利润。

创业成功的秘密5

业绩可以帮助或影响你募集资金，这完全取决于你所处的市场阶段以及你的受欢迎程度如何。

通常，这个建议是正确的——真正需要展示的是让投资者感受到的受欢迎程度。你拥有的客户和收入越多，就越有可能募集到资金。

然而，有时在一个火爆的市场中，当你有一个坚实的团队时，两个人和一个商业计划，实际上可能比业务已经确定并处于营运状态更容易募集到资金。那是因为一旦企业展示了真实数字，投资者就很容易评估这些数字并说这不够好。

此外，市场阶段对于确定需要展示的数字至关重要，这就是为什么了解创业市场生命周期以及市场地位，是有关接触风险投资以及如何精心策划宣讲材料的重要组成部分。在下一个建议中，我们将深入探讨应该与谁接触，以及为什么接触。

陷阱6

与尽可能多的投资者交流

如果说我从创业之地的大多数创业者那里听到过一个抱怨，就是募集资金是一项全职工作。他们中的大多数人宁愿只经营自己的创业公司而不去做全职的资金募集人。一些没能成功的创业者，可能会在事后抱怨说，他们没有与投资者实现足够的沟通，因此无法募集资金来维持创业。

本书中大多数建议都有着一种基本理念，即所有的事都要一分为二地去看待。这个建议背后的基本理念是，与越多的投资者沟通，就越有可能募集到资金（大概以更好的估值）。我们将在下一个建议中讨论估值部分。

你认为筹款可能就成了你的一份全职工作，尽管这样的抱怨是合理的（我自己也掉进了这个陷阱），但这可能是因为你花了太多时间与太多的投资者进行沟通。更重要的是，在一些（不成功的）投资者会议之后，你应该能较好地弄清你的宣讲材料和底层故事的主要问题，特别是弄清楚你的目标投资人的概况。而后，最好是与重点的投资人沟通，并将注意力集中在关注你公司优势或劣势的投资者上。 如果不这样，则有可能是在浪费时间，并毁掉与潜在投资人的关系。

销售漏斗与投资者漏斗

在某些行业中的销售人员知道，要想使销售宣传产生可靠的效果，他们就必须玩一种称为“销售漏斗”的数字游戏。他们必须确保漏斗的顶部有足够的销售线索转化为合格的潜在客户——有些人想要看产品介绍，而一部分看了介绍的人，想要购买产品或服务。

但是，当从风险投资人或天使投资人那里募集资金时，同样的情况是否适用？虽然有些创业者会说“是”，但真正的答案是视情况而定。

我对销售漏斗的陈述进行了界定，即销售人员需要知道销售宣传工作是可行的，并且有合理的机会把它变成现实。

销售漏斗有效的唯一原因是，一旦售出了足够多的产品，就可以开始估计这些销售线索从销售漏斗的一个阶段转移到下一阶段的百分比。该产品有市场（或是人们理想的产品，如奢侈品），如果将诱饵抛出，则会钓到一定数量的鱼。消费者型创业公司也是如此，如今这些公司经常遵循免费增值模式：如果有足够的用户访问网站或应用程序，那么一定比例的用户将转变为付费用户，这将让公司实现赢利。在免费视频游戏中，这是由ARPDAU和LTV（终身价值）之类的指标来反映的。

但是，在风险投资筹款的环境中，直到经历了整个销售漏斗，你才知道行销是否可行。而且如果成功了，并没有规则可以推断出有多少个风险投资人会从一个阶段转移到另一个阶段——至少不是你可以使用的规则，因为在接下来的12～18个月里，不需要再募集资金（这时会有不同的宣传活动），并且公司和市场将处于不同的位置。如果这个方法不起作用，那么漏斗根本就不是漏斗。事实上，这个建议是关于数量与质量的关系。

缩小接触潜在投资者的范围

一位朋友曾经告诉我一个关于她多年前参加自我提高研讨会的故事。研讨会上有一个年轻人想结婚，但没成功。

讲师告诉这个年轻人，他可能没有和足够多的年轻女性交谈，也没有足够清楚地知道自己想要交往什么样的女性。讲师告诉他，你应该出去，并尽可能多地接近女性，并告诉她们，你正在寻找配偶，询问她们是否会和你约会。他马上就去做了，开始在研讨会中与所有女性接触，并告诉她们，他想要结婚。

我们回到“推销”和“销售漏斗”（也就是线索的数量，在本例中，是指年轻人实现交谈的女性数量）。

在我们这个时代，这似乎是一个荒谬的想法（我当然是这么认为的），但它基于与我们建议相同的基本理念，即找到合适的人基本上是一个“数字游戏”（采取销售漏斗的方法）。这种方法表明，如果在漏斗顶部与足够多的人交谈，则有些人会过滤到下一个阶段（与你约会），并且一些人会转换（即其中至少有一个人愿意嫁给年轻人）。

尽管销售漏斗的方法似乎足够合乎逻辑，但它显然缺少了与“合适的人”打交道所带来的一些魔力。

有些人（包括我本人）会推荐一种不同的方法来寻找重要的人，或者寻找主要投资者，特别是风险投资人。有时，这不仅与约会的数量有关，而且还与正在接触和约会的人的类型有关。

实际上，就风险投资人而言，在接触潜在客户之前，越是缩小他们的范围，浪费在寻找潜在投资者上的时间就越少，就会减少对“募集资金”是一项全职工作的抱怨！

寻找合作伙伴

凯鹏华盈公司的合伙人兰迪指出：“我经常发现这种情况，大多数创业者没有时间去了解风险投资公司及其所有合伙人。”

兰迪在我采访他时解释说：“我认为第一是创业者不了解他们正在同谁

谈……他们不了解，合伙人可能比他们选择的风险投资公司重要，甚至重要得多。

“他们并没有做尽职调查。他们盲目地走进去，这就是很多不快和不满产生的原因。这种情况一直在发生。如果你一直在与错误的合伙人交谈，很有可能会得到否定的答案，因为风险投资公司的工作方式不是这样的。”（在第114页本小节结尾处，我列出了布拉德·菲尔德同样的观点：“为什么风险投资人像《龙与地下城》中的人物？”）

那么，如何找到合适的合伙人？我想说这与找到合适的人建立人际关系并没有什么不同。以下是一些适用于个人关系和风险投资关系的策略：

（1）请（即“安排”）你认识的人去热情地介绍。虽然有些人讨厌被朋友安排约会，但在创业界，这实际上是接触风险投资的最佳方法。如果你在创业之地花费了足够的时间，一定会找到了解风险投资的顾问和天使投资人。如果他们喜欢你的想法或业务，那么他们会做介绍。当然，有些人会想要一些东西才去做介绍，这时你必须要自己做判断。

与投资银行业（佣金很正常）不同，创业公司的风险投资人通常不喜欢那些说他们是帮助募集资金以换取一定比例回报的人。尽管募集资金后抽佣在其他行业中很普遍，但这在硅谷看来却是非常负面的。一方面，投资人通常希望所有募集的资金都用于公司，而不是给某些“中间人”；另一方面，如果帮助募集资金的人是创业公司的顾问，并拥有一些股权，那么硅谷投资人通常会对创业者的安排感到满意，因为顾问的目标与投资人相同。

（2）共同利益。尝试一些你自身感兴趣的活动（如做些智能网络上的功课）。通过参加行业或特定主题的活动，你很可能会遇到志趣相投的人。相比于直接接触所有风险投资人，这是一个更好的办法。人际关系中的常识表明，你们的共同点越多，初次交谈就越有可能带来更多有用的东西。

这意味着要找到那些已经对市场感兴趣的投资者。在社交媒体出现之前，这曾经是很困难的事。但在今天，可以通过在网上关注风险投资合伙人——他们的推文、博客文章或寻找他们过去投资的公司来实现。如果你正在创办一家加密货币创业公司，你应该注意，通常会有一些投资者在加密货币聚会或者在有关加密货币的社交媒体推文上四处打探。其中一些投资者可能已经投资了一家加密货币创业公司，但另一些投资者还在打探中，并对市场持积极态度，否则他们就不会浪费时间四处打探。

（3）演示日和演示文稿。近年来，另一种方法变得流行，即参加加速器的演示日。我把它比喻为“快速约会”，基本思想是，在演示日，潜在的投资者（和潜在的顾问）会来到这里观看多家创业公司的演示。如果他们发现打动自己的东西，他们会提出某种建议。随着Y Combinator加速器、500 Startups加速器、我自己的加速器（Play Labs@MIT）以及硅谷及其他地区的加速器的兴起，演示日变得越来越流行。如果你不是加速器中的一员，那么在硅谷和主要的创业中心还有功能类似的推介会。

当然，募集资金没有唯一的“正确方法”！关于创业公司如何找到投资人的故事，与创业公司找到投资人的故事一样多。据我们所知，那个宣称要找个妻子，并以此俘获了很多女性的年轻人，可能已按此方式找到了意中人。

找到投资人有时也是靠机缘。Evernote公司——一个很受欢迎的笔记应用程序开发公司，在2008年10月几乎没钱了，正准备解雇所有雇员。出乎意料的是，当时的CEO菲尔·利宾在凌晨3点收到客户的电子邮件，并与其在网络电话Skype上通了话，这是一位非常喜爱他产品的客户。两周后，Evernote公司收到了500000美元的支票，这笔钱挽救了公司。因此，在筹款时必须保持开放的态度。

筹款的质量与数量

一些创业者告诉我，他们希望在找到下一轮融资的投资者之前，能先向

30～40名投资者进行推介。在我的创业生涯中，我很少需要向那么多投资者做推销。

通常情况下，到第五次推介，也很可能是第十次，推介时是否起作用就会非常明了了。更重要的是，推介对哪一部分投资者（例如，是位于硅谷的风险投资人还是位于洛杉矶的风险投资人，是战略投资者还是天使基金等）起作用会更加清晰。

如果推销工作顺利，那么我们就可能会得到至少一份风险投资协议。如果没有，那么宣讲可能有问题——通常不是宣讲本身（即用来讲故事的幻灯片），而是潜在的基本面（即我们要进入的市场机会、我们组建的团队、产品和业务模式或我们展示的受欢迎程度）有问题。

最后一点很重要。尽管大多数人认为宣传用的幻灯片就是宣讲，但事实并非如此。正如我们在“陷阱4：伟大的产品和巨大的市场是最重要的事”中所说，向专业投资者推销时，最重要的因素是本质上的现实性：团队、市场机会，还有此时的受欢迎程度。

尽管在筹款领域有很多经验法则，但根据我多年来的筹款经验，有两个条件使得风险投资资金更有可能注入。通常，至少其中一个条件是正确的。在某些情况下，两者都是正确的。

（1）投资者已经倾向于投资我所处的市场。

（2）以前与投资者有某种联系（我认识他们，或者我的一位顾问或现有投资者认识他们并做了介绍，或者他们与我的母校有联系，等等）。

但这并不是说没有以上两层关系的筹款就从未发生过。在这种情况下，投资者通常会满足条件（1），也就是说他们已经准备好投资我所在的市场，而团队恰好在合适的时间出现。

要记住的另一件事是，去了解一个你要给他一百多万美元的人需要一个过程。存在的信任度越高（即使信任关系是建立在风险投资人与公司的天使投资人或顾问之间，而不是风险投资人对创业者的信任），公司被认真对待并快速走完流程的可能性就越大。这就是许多发送给风险投资人的冷冰冰的电子邮件不起作用，而热情的介绍会起作用的原因。

弄清楚你的部落是什么

古林德·桑加在创办证券法律软件公司Intelligize时是一名律师，在风险投资行业几乎没有任何人脉。当我邀请他到Play Labs@MIT加速器谈谈他的经历时，他给出了一个非常重要的建议，那就是在你第一次向外部筹款时，最好先弄清楚你的部落是什么，然后再找属于这个部落的投资者。

古林德说，在美国，你的部落通常是大学母校。古林德去了宾夕法尼亚大学，你猜怎么了？他的第一个风险投资人和天使投资人就是他宾夕法尼亚大学的校友！

就我自己而言，从麻省理工学院毕业，我能够利用麻省理工学院的校友网络找到投资者。

你可以将“部落”的概念扩展为一组倾向于向你投资的“合格”个人或公司。这可能会受隶属关系、地理位置、市场细分、业务模式等因素影响。

让我们看两个公司的例子，他们认为他们将在硅谷募集资金，因为这是每个人都做的事！但是两个公司都发现，他们的市场和商业模式意味着他们的部落在其他地方。

案例1：为拉丁美洲的一家招聘网站筹款

戴维·赖克（David Reich）从麻省理工学院斯隆管理学院毕业

后，于20世纪中期与朋友共同创立了Assured Labor公司。他们的想法是使用手机来帮助雇主和求职者找到对方。在拉丁美洲和南亚等发展中的国家，手机比台式电脑流行得多。这种模式是创新的，他们把测试案例放在尼加拉瓜，计划先扩展到墨西哥，然后再到巴西，之后可能还会扩展到印度或其他亚洲国家。

在完成了最初的产品并在尼加拉瓜完成了测试之后，他在波士顿和硅谷的风险投资公司进行了巡回演示。尽管许多人喜欢他的创新想法，但大部分人都不愿承诺进行A轮融资。尽管他们给出的理由各不相同，但其中有一个相同的理由：他们对目标市场为拉丁美洲的公司进行投资通常有些惧怕，因为他们对这一市场的了解不足。

戴维非常了解美国科技行业的发展脉络，但硅谷和其他地方传来的故事不断地让他感到沮丧，因为很多从知名风险投资人那里融资数百万美元的公司其产品和受欢迎程度都不及Assured Labor公司。为了表现出更大的受欢迎程度，他们从尼加拉瓜搬到墨西哥，并与墨西哥最大的手机网络供应商建立了合作关系（他们必须与这些供应商合作才能完成平台所需的短信服务）。戴维多次前往硅谷，与潜在的风险投资公司投资者会面。

戴维最终没有为他的公司募集到任何硅谷风险投资资金，他感到非常沮丧。但是，他最终还是募集到了A轮融资。他的融资来自一个基金，而不是典型的风险投资公司。该基金是由一些在美国科技业和墨西哥电信业取得成功的、富有的墨西哥人建立的。

这里的经验不是戴维不应该尝试为发展中经济体或新兴市场服务，而是他可以瞄准那些倾向于向发展中经济体投资的风险投资家和投资者，由此来节省时间并减少挫败感。请注意，这样的投资者在美国并不常见。

案例2：找到对你所做之事有偏好的投资者

在此案例中，移动购物公司Sift Shopping公司的联合创始人索林·沙赫正在为其创业公司寻求融资。他住在硅谷，并且与技术融资领域一直有接触，因此他自然认为自己能够在那儿获得融资。他得到了一些天使投资的初始融资，但是当他开始寻找下一轮投资机会时，他发现与他期待的不同，硅谷的风险投资人对此很抵触。

他发现，纽约的投资者比硅谷的风险投资人更倾向于投资消费者“购物”，即使他的创业公司位于硅谷！再说一次，找到那些对你所做的事情有偏好的投资者和与很多投资者进行交流一样重要。

索林告诉我：“我们正在为女性打造产品。我注意到的是，在硅谷，大多数投资者都是男性，他们并不真正了解女性产品，这就是为什么硅谷的许多投资都回避像拼趣（Pinterest）甚至是照片墙（Instagram）之类的公司。

“女性的购物方式与男性不同。男性购物比较价格，他们知道他们要的产品。比如在亚马逊上输入你想要的产品，这是一种基于搜索的体验。女性则注重视觉浏览，仅此就差别很大了。拼趣与亚马逊是一个很好的例子。拼趣激发灵感，亚马逊基于搜索目的。因此，我们的购物网应更注重浏览。”

很多投资者不明白这一点，他们只想通过价格来比较。事实是，露露乐蒙（Lulu Lemon）的瑜伽裤与Gap的瑜伽裤是不同的。问问女人就知道，它们就是不一样。男人的购物方式却大不相同，如果男人需要一台50英寸（1英寸约等于2.54厘米）的三星电视，他们可以更轻松地比较不同商店的价格，因为这是同款产品。

我们在纽约以外的投资者那里获得了更多的经验。当我在硅谷募集资金时，投资者常问的问题是：“你使用的技术平台是什么？产品的病毒系数是多少？”当我去纽约时，问题就会变成：“购物会在手机上大行其道。你的经验如何？用户界面将是怎样的？”他们专注于不同的事物，而这些事正是我们所擅长的。

尽管他们是合适的风险投资人，但他们对世界的看法却有所不同。硅谷基于技术，他们只是想知道我的工程团队是谁，以及我们将要做什么。然而我想说：“这是购物。技术很重要，但是它也不会改变什么。”

创业成功的秘密6

你在努力寻找合适的投资者。不管你和多少投资者交谈，不管是1个投资者还是50个投资者。试着找到你的部落，并接触该部落的合格投资者。

为了找到适配者，请减少与所谓合适的投资者相处的可能性。如果我们认为寻找主要投资者有点像结婚，那么你可能不希望像前文中的年轻人那样不加选择地接近研讨会上的每个女性，不论她们是否愿意约会并考虑嫁给他。换句话说，质量重于数量。

大量的研究、热情的介绍和找到一位对你的市场感兴趣的投资者是缩短筹款时间的关键，这样你就可以专注于建立公司。为此，你不仅需要研究风险投资公司，还需要研究风险投资公司中的个别合伙人。

你还应该问："什么是我的部落？"——不论它是由隶属关系（学院及工作场所等）、市场细分、业务模式还是由地理位置来定义，利用这些来帮助你找到第一批机构投资者。

同样，这可能意味着在你获得资金之前，你需要先建立关系。这也同样意味着你需要剔除那些看起来不太合适或对你的市场不感兴趣的投资者。投资者会议要花费时间，而且正如许多创业者所抱怨的那样，筹款可能是一项全职工作。平衡经营公司和募集资金所费时间的方法是更多地关注质量而不是数量。

经历多个加速器或成为负面信号

我经常被问到的一个问题是，一个创业公司是否应该选择多个加速器。事实上，在Play Labs加速器，我们有时会收到创业公司的申请，而其实这家创业公司已经加入过另一个加速器项目。

这个问题没有唯一答案。在某些情况下，如果你的创业公司经历了太多的加速器，其他投资者可能会有疑问，为什么你还没能募集到大量资金？这可能会成为一个负面信号。因为加速器旨在加速一家公司进入风险投资轨道或战略投资者轨道，或获得客户并实现赢利。

如果这种情况没有发生，可能意味着你的商业模式出了问题（负面信号），也可能是市场没有处于正确的阶段（太早或太迟）。

例外的情况是，第二个加速器比第一个加速器更“独特”，同时你处于一个需要很长时间才能启动的特定市场。例如，我们的加速器中有一家名为Wonda VR的公司，该公司正在构建一个使用360 VR的开发工具。结果发现，他们的许多客户都是从事教育行业的，或者是正在使用它为员工构建培训虚拟现实应用程序的公司。我鼓励Wonda VR团队在离开Play Labs加速器之后，去一个特定的教育加速器（这是更侧重于VR的加速器）。他们这样做了，并且他们的收入一直保持直线增长，所以选择第二个加速器是有意义的。

类似的例子还有我早些时候列举的Button Wallet公司，这是一家区块链公司，它在离开我们的加速器后，加入了一家区块链加速器。现在，如果这两家公司都还必须进入第三个加速器，那就可能会让投资者感到奇怪。

作为一个加速器，我们有时会拒绝那些通过另一个加速器之后无法获得融资的公司，除非他们的产品是专门针对视频游戏的，这是我们加速器的专长。

布拉德·菲尔德谈为什么风险投资人像《龙与地下城》中的角色

布拉德说：“风险投资人就像《龙与地下城》中的角色。”这个比喻与我们的神话旅程及其原型的主题是一致的。

创业者讨论这种抽象或单一的市场类型，也就是风险投资，但当谈到风险投资公司时，你必须谈论个人——无论你谈论的是布拉德·菲尔德还是弗雷德·威尔逊。你必须明白他们是不同的，他们喜欢的事情不同，他们处理事情的方式不同，他们可能会在一些事情上合作，但有太多的事，他们中一个人可能会去做，而另一个人永远不会。

我的主张是，从这样一个想法开始：风险投资人可能是一个小精灵，可能是一个矮人，可能是一个魔鬼，也可能是一个巫师。他们具有不同的技能水平，他们的包里有不同的东西。

他们会有经验值和不同的强项及弱点，不论这些强项和弱点是什么。事实上，风险投资公司是《龙与地下城》角色的集合，而不是单一个体。

想想《龙与地下城》，或是《魔法风云汇》，或者其他类似的游戏。每个角色都有一套不同的技能、武器、金钱和经验值，并且随着时间的推移发展成更多。一个风险投资公司是不同角色的组合——在著名风险投资公司Foundry Group公司，有法师、野蛮人——这种组合是你必须注意的。

即使你从未玩过《龙与地下城》，你也可以理解大多数角色扮演类游戏使用的三种原型：战士、巫师和恶棍。当你接触风险投资合伙人时，你应该试着寻找他们最相似的原型特质。注意他们说什么和怎么说。

（1）他们是否谈论整体市场增长，或对创业者进行指导，或表现得像一个枯瘦的老人，却有着可以与你分享的远见卓识？如果是这样，他们可能是巫师的原型。

（2）他们是否谈论打垮你的对手并专注市场的战斗方面，以及你将如何取胜和赢得大的胜利？他们会用粗俗的语言谈论“踢屁股”吗？如果是这样，他们可能是战士的原型。

（3）他们是否谈论通过产品的特点和策略来隐藏自身和甩开他人？他们是否关注你如何利用伙伴关系和其他巧妙的策略超越竞争对手？如果是这样，他们可能是恶棍的原型。

陷阱7
取得最高的估值

假设你成功地从多个风险投资基金或天使基金那里获得多个风险投资协议。你应该选哪一个？

充满复杂性的估值

传统的看法是，你应该选择你能得到的最高估价的协议。毕竟，这将使你能尽可能久地维持公司运营。让我们来看一个真实的例子。

假设投资者A对800万美元的前估值投入200万美元。这意味着，后估值（资金存入银行后对公司的估值）理论上为1000万美元（800万美元的前估值加上投入公司的200万美元等于后估值）。在这种情况下，由于投资者投入了200万美元，他们将拥有公司1/5的股份，即20%（或1000万美元后估值中的200万美元），而你（创始人、员工和所有现有股东等）将拥有公司剩余的80%的股份（或1000万美元后估值中的800万美元）。

假设投资者B给出了400万美元的前估值。这意味着，后估值将为600万美元，投资者将拥有600万美元中的200万美元，因此他们将拥有约1/3的股份，即约33%。在这种情况下，你（创始人、员工等）将只拥有公司约66%的股份（或600万美元中的400万美元）。

显然，从这两种情况来看，最好采用第一种情况（投资者A），因为创始人最终将拥有更多的公司股份（80%对66%），而投资者最终拥有更少的股份（20%对33%）。

估值数字下存在许多复杂性。所以，正确的答案是，这要视情况而定。

我们再加上第三种情况。假设还有另一个投资者C公司，一个战略投资者（一个想投资于你并与你合作的公司，比如你的产品在中国的分销商）。如果这个战略投资者想帮助你发展业务，可以向你保证明年在中国的销售额再增加100万美元，并且今天想在你的业务上投资100万美元，但只愿意按照400万美元的投资前估值，而不愿意按照800万美元的投资前估值来做，那该怎么办？

假设战略投资者想要普通股而不是优先股，并且不关心控制条款，比如否决公司出售的权力，或者对未来融资拥有优先购买权或拒绝权。

这就是传统观念变得非常模糊的地方。虽然对一些人来说，800万美元的估值（投资者A）似乎是一条理所应当的路，但现实是，企业的选择不再那么理所当然。

为了确定哪种融资选项是最好的，我们必须深入研究估值的真正含义（大多数初次创业的人对估值的认识是错误的）。我们必须看看估值如何为公司设定期望，以及它如何影响你今后能做什么和不能做什么。

公司估值的真正含义

在25年的创业生涯中，我了解到，创业者通常对一家私营的、处于早期阶段的公司的估值的真正含义有着错误的理解。

在一家上市公司，如果你以10美元的价格购买股票，而这家公司有5000万股流通股，那么你就可以合理地说出这家公司今天在公开市场上的价值，也就是其估值为5亿美元。如果你持有一股股票，你可以合理地期望以10美元的价格出售（假设它的流动性足够——也就是说，它不是一家粉单上市公司[①]，而是一家在纳斯达克或纽交所等知名交易所上市的真正公司）。

让我们再来看一个情景，一个风险投资人给你的公司1000万美元的前估值，并且流通股为1000万股。这时每股价格为1美元。假设你和两个联合创始人各持有300万股，这是否意味着你可以以每股1美元的价格卖出300万股？这真的意味着你的创始人的股票价值300万美元吗？我称其为股票类比1。大多数创业者认为这基本上是正确的，至少他们在第一次募集风险投资时是这样想的。

我记得我的公司第一次募集机构资金时是500万美元的前估值。记得我当时在想：哇，我们在账面上是百万富翁了，这是因为我和我的联合创始人各持有公司大约40%的股份！

对股票类比1的简单回答是：不，即使在账面上，这也绝不意味着你是一个百万富翁，更不用说在现实中了。

首先，投资者购买优先股，而你我作为创始人，通常持有普通股。如果公司破产，优先股有优先权，因此股票的价值比普通股高出许多。在融资活动结束后，公司必须获得409A估值[②]。这是董事会用来设定发行给员工的期权行权价格。根据法律规定，该行权价格必须与普通股的“公平市价”相同。如果你查阅私人风险投资支持的创业公司的409A估值，你会发现普通股的“公平市价”可能低至优先股价值的1/10到1/3。我们将在“第五阶段 收获宝藏：退出公司的陷阱”中进一步探讨普通股和优先股的区别。

要记住的第二个重点是，大多数创业公司都缺乏流动性，所以你不能真正地卖出你的股票，那么它们真的值你认为的价值吗？随着公司的成熟和走

---

① 粉单市场的功能就是为那些选择不在美国证券交易所或纳斯达克挂牌上市，或者不满足挂牌上市条件的股票提供交易流通的报价服务系统。——译者注

② 名称来自美国国家税务局409A条款。该价格必须等于或高于公道市价，同时该价格也是你公司的员工可以购置公司股票的价格。——编者注

向首次公开募股，你可以做所谓的二次出售自己的股份的举动——我们将在第五阶段进一步讨论，但在第一次风险融资后，这几乎从未发生过。

比上述任何一种考虑更重要的是，风险投资设定的估值实际上是一组期望。

这就是为什么一个经验丰富的团队（即使没有受欢迎度）可能会比一个新的、未经证实的、只有一点点受欢迎度的团队获得更高的估值。这是因为，有经验的团队将在长期内做得更好，从而在退出（出售或IPO）时获得比没有经验的团队更高的估值，并有望在更短的时间达到这一点。这一期望是否能得到数据的证实还不得而知，但可以肯定的是，这就是期望。

期望是双向的

我一直试图向创业者们说明这一点，但几乎被置若罔闻：估值实际上是一组期望。

期望值是你在下一轮融资中必须跨越的一个标杆，如果你越不过这个标杆，后果可能会相当严重。

如果一家上市公司没有达到期望收益，它的股票价格会怎样？通常，股票价格会下跌，我们称为股票类比2。

让我们看一下下面的情形，如果你以500万美元的估值为一家私人创业公司（我们称为Sil.ly公司）完成了募资，但该公司尚未完成其产品制作（因此没有客户）。

假设一年后，Sil.ly公司不仅有一个成品，而且有两个活跃客户为产品付费!

Sil.ly公司现在比上一年更值钱吗?

几乎所有的创业者（尤其是Sil.ly创始人）会说："是的，我们现在显然更值钱。去年，我们既没有产品，也没有客户。如果我们去年只值500万美元，我会说我们现在至少值700万美元，甚至可能是1000万美元！”

这是一种典型的反应，但和创业界的许多传统观点一样，这也是错误的。创业者仍然认为估值是一个绝对数，或者甚至是一个相对数。实际上，在这种情况下，新的估值与去年的融资相关。

等式中缺少的是期望。如果该公司在没有客户和仅有半成品的情况下获得了500万美元的估值，那么这将带来一系列期望。也许是期望该公司将在年底之前完成其产品制作并获得其最初的几个客户。

但是，如果这家创业公司处在一个超热的领域，人们的期望可能会更高，比如说，到明年它将获得数百万次下载或数百万美元的收入。一家拥有这些期望的公司的价值可能会更高，可能会有1000万美元。

但在我们的例子中，如果一年后产品仍然没有完成制作，而且只有一两个客户，从投资者的角度来看，这最终可能是一个巨大的失败。

在这种情况下，公司就没有达到期望。

对此，投资者要求较低的估值可能是合理的，即所谓的下降轮，这可能会很麻烦，因为这会带来各种各样的不愉快。一旦你的公司被视为表现不佳的公司，就会出现“投资者为什么要在下一轮投资”的疑问，这可能会导致你的创业公司倒闭。

当你做下降轮融资时，还有各种各样的反稀释条款可能会发挥作用。下降轮是指当你获得新的融资，每股价格低于上一轮。在创业之地，下降轮还会附加一种耻辱感，这就是为什么即使是已有的投资人，如果能够避免，也不喜欢给下降轮融资。

创业模型4：圆饼与高杆

它带我们进入了第一个“心理模型”，这是一种思考创业旅程中重要事项的方法。该模型对比了两种不同的估值方法，如图7-1所示。第一个是我们都熟悉的：

- **圆饼模型（The Pie Model）**。在这种模式中，融资被视为把圆饼的一块让给投资者，创业者关心的是圆饼留给他们多少，留给投资者多少。
- **高杆模型（The High-Bar Model）**。在该模型中，估值（以及相关轮次的融资规模）设置了一个标杆，公司必须在下一轮融资中“跃过”才能被视为“成功”。我们会在后文中详细探讨这一模型。值得注意的是，圆饼模型非常普遍，但高杆模型不是。

图7-1 两种估值方法

注：跳高杆使用许可证来自iDraw/Shutterstock.com网站。

如果我想让你跳过一根横杆，并问你应该把它放多高，你会怎么回答？会不会答“更高，更高，更高”？可能不会。如果你想确保跳过横杆，你会希望它尽可能低。

是的，在某些方面，这就相当于你募集资金时的估值。这是一个期望，或者说是一个横杆，你必须跳过去才能让你的股价上涨。

必须跳过的三道横杆

当你募资时，你要设置3个你必须跳过的横杆。

（1）下一轮估值。正如我们前面所述，估值伴随着期望，对收入、客户或你将取得的进展的期望。下一轮的估值通常应该比你后估值至少高出50%（有时甚至高出100%）。我的一家创业公司在种子轮获得了1400万美元的后估值！我们认为这是一个巨大的成就，因为与其他创业公司相比，我们在第一轮融资中放弃得很少。但我们没有考虑的是，这意味着下一轮的估值必须在2000万～3000万美元。但我们公司没有收入，即使明年我们的收入达到100万～200万美元，如果没有超过500万美元的收入，没有数百万用户，那么我们也不太可能获得这样的估值。

这意味着可能最终导致下降轮。在创业之地，下降轮是要不惜一切代价避免的。以我的1400万美元种子轮融资为例。如果你以700万美元的估值（上一轮估值的一半）进行A轮优先股风险投资募资，这将引发各种反稀释条款，原始投资者最终得到的比例会比他们在1400万美元估值时所得到的高得多。再加上新投资者得到的估值较低，下降轮融资后，你可能会发现自己持有的公司股份不到50%。此外，伴随着优先权（见下一段），你可能会发现自己和你的联合创始人还要面临其他各种问题。所以，最好是有一个估值作为标杆， 你能安全地越过，并能在下一轮融资中获得更高的估值。

（2）退出时的优先权。第二个标杆是优先权，它存在于所有标准的风险投资融资中。大多数优先股有一倍的优先权，而一些有两倍或更多的优先权（我们将在本书的附件的真相中详细探讨这一点）。但如果投资者对后估值为1000万美元的企业投入300万美元，那么你会认为他们拥有公司约30%的股份，对吗？如果你以500万美元的价格出售公司，那就意味着创始人得到约70%，投资者得到约30%，对吗？

不完全是。优先权意味着投资者在一次公司出售中收回了第一笔x倍投入资金。因此，如果公司以300万美元的价格出售股票，那么100%的收益将归优先股股东所有。如果公司以500万美元的价格出售，投资者仍将收回300万美元，剩下的200万美元将分给普通股股东。以上是假设优先权为一倍的情况。如果投资者有两倍的优先权，投资300万美元，他们将首先收回600万美元。由于该公司的售价仅为500万美元，这意味着创始人和员工没有剩余资金。

简单的一倍的优先权在硅谷的A轮和更高轮次融资中非常常见。一些投资者，特别是那些在纽约和东海岸其他地方从事私募股权（或后期风险投资）的投资者，可能会坚持两倍或更高的优先权。有时，投资者真想投资你的公司，但他们不确定你出售公司时是否能给他们带来足够的回报，而你又想要一个高的估值，这时他们就会坚持要一定倍数的优先权。

优先权可能很棘手，但它们是另一种你必须越过的“标杆”。

（3）退出估值。当然，大多数A轮投资者都有权否决出售，这是要越过的最高标杆。为什么投资者会否决出售？显然，如果他们以1000万美元的估值买进，而你想以500万美元的价格出售公司，他们不可能喜欢，并可能会否决。但最大的问题是，当你想以某种倍数出售公司时，创始人觉得不错而投资者却还是不满意。假设你想以2000万美元的价格出售公司，投资者会得到两倍的回报，对吗？可大多数风险投资公司都会对这一结果感到不满，这让初次创业的人感到困惑。

让我们探究一下原因。

风险投资人需要更大的退出倍数

你想以1000万美元的价格卖掉你的公司，结果会怎样？假设这是你的第一家公司，你和合伙人各有50%的股份。你们两个都会成为百万富翁，即每人分到500万美元。然而，如果你从投资者那里募集了1000万美元的资金，他们可能会非常反对你出售公司。他们只是盈亏平衡，而风险投资人不会投资盈亏平衡的公司。

事实上，当你和风险投资人协商估值时，投资者的逻辑是这样的："如果我按500万美元估值投资，我有多少把握这个团队能在几年内把公司的估值提高到至少5000万美元？该公司以1亿美元的价格出售，或以10亿美元的价格上市的可能性有多大？"

由于大多数风险投资投资的公司都失败了，即使是10倍的回报率也已经不够好了。对于一只基金中的一两个获利颇丰的项目来说，10倍的回报通常只够偿还基金，这对于风险投资合伙人本身来说，确实意味着一点回报都没有。为了让（基金的）投资者满意，他们所谓的成功项目通常必须有20倍或更多的回报。

记住，风险投资基金在某些方面与创业公司没有太大区别。他们也有投资者，这些投资者有期待，你猜到了，还有优先权。风险投资基金的合伙人总是在不断地思考自己的期待，基金处于周期的什么位置，以及它可能带给投资者的回报，这些投资者被称为有限合伙人。

兰迪·科米萨说："想想看，我在做失败的生意……我认为90%的创业公司都失败了。在风险投资业务中，可能有50%风险投资支持的业务都失败了，而剩下的50%中，可能有10%，或是15%是真正的大赢家，其余都是不赔不赚。”

这意味着风险投资公司完全依赖10%～15%的投资来补足整个基金！

估值可以限制你的退出

我们的一位专家贾德·瓦莱斯基于2008年创办了数据分析公司Gnip公司，并在业务真正开始腾飞之前经历了前两轮融资。从2010年开始，Gnip公司受到了企业公司客户和社交网络的广泛关注。

按照公司的火爆程度，他们有足够多的机会以非常高的估值募集资金——1亿美元或更多。但到目前为止，他们仅募集了750万美元，并且上一轮的融资额远低于他们期待的1亿美元报价。他们决定不接受。

贾德说：

一年之后，就是公司的业务火爆之时，增长会如火箭起飞，收入猛增。

如果你观察社交网络的演变，这可能是在2011年或2012年左右，社交网络应用在世界范围激增。在那个时候，一切看起来都像——哇，如果社交网络中有一个商业机会，那就是我们公司！

我们接到了大量来自A、B、C三级风险投资公司和私募股权投资公司的来电，他们说，“嘿，如果你需要我们，我们就在这儿”“嘿，我们想和你谈谈做另一轮投资的事”“嘿，事情可能进展得很好，我们如何参与进来帮助你成长”，等等。

是的，压力确实来自我们硅谷的一位投资者，正如我所描述的那样，他被我们市场周围的（旧金山）湾区狂热所吸引。

接下来发生的事就很明了了……面对不同的估值，谨慎被抛在一边。有人建议我们以1亿美元、1.2亿美元的后估值做一轮融资，这是我们可以做到的。

贾德总结到，当你在一个火热的市场上，事情进展顺利的时候，你必须小心遍布在创业之地的狂热，因为你最终可能会获得过高的估值，然后限制你的退出选项。他补充说，他的一个竞争对手募集了7500万美元，这肯定是一个非常高的估值，但这也限制了其他公司购买它们的能力。

由于它们在融资时估值并不很高，公司的增长速度又极快，收入和利润也在直线上升，出售公司收获好的退出收益并不困难。

贾德在2014年以大约1.75亿美元的价格将Gnip公司卖给了推特。但是，如果Gnip公司从专业投资者那里以高于1亿美元的估值融得资金，那么与推特的这笔交易可能对新投资者不再有吸引力。在这种情况下，了解投资者的想法使Gnip公司没有以过高的估值募集资金，这最终成就了好事。

另一个案例：像风险投资人一样思考

我曾参与过一家创业公司，该公司以约400万美元后估值从一家小型风险投资那里募集到了种子轮资金。一年后，这家公司发展迅速，我们收到了一份收购估值约为1600万美元（我说大约，因为它包括一些股票和条件支付，所以很难说确切的数字）。不过，这一退出将使投资者在一年内获得4倍的投资回报，并使创始人成为千万富翁。

创始人想卖掉公司。他们认为一年能得到4倍的回报率对他们的投资者来说是件了不起的事（一年400%的投资回报率！！任何投资者都想要，对吧）。

事实上，对于大多数风险投资人来说，4倍的回报率并不是一个很好的回报，尽管对于大多数天使投资者，甚至对于大多数公司或战略投资者来说，这都是不错的回报。当然，这也取决于我们谈论的钱是多少。如果投资者在这种情况下投入100万美元，他可能会收回400万美元。

但如果他的基金里有5000万美元，那么400万美元收益对风险投资基金的整体回报并没有多大作用。如果一个5000万美元的基金要回报两倍于它的资金，它就需要赚1亿美元！

这意味着，10%～15%的公司是基金的“成功者”，他们需要回报5000万～1亿美元才能使基金成功。由于这家创业公司是他们基金中潜在的“赢家”之一，风险投资公司不想以“仅”4倍于最初小额投资回报的价格出售，那将“仅赚400万美元”。

风险投资人宁愿把更多的钱投进公司，然后争取10～20倍的回报。

但是创始人会对这个结果非常满意，因为他们每人拥有大约25%的股份，而且会成为千万富翁（在这种情况下，创始人卖掉了公司，但风险投资人对此相当不满）。

需要注意的是，这里没有正确的答案。正确的答案和以前一样——是视情况而定的。

有可能创始人和风险投资人不这么早就卖掉，而赚了更多的钱；也有可能他们持有的时间过长，因为这是一个每年或每两年都会发生变化的动荡市场。我们将在“第五阶段 收获宝藏：退出公司的陷阱”中讨论是否需要“早点”出售公司。

在这个特殊的案例中，创办人和风险投资人陷入了一场巨大的争论中，他们的期望值不匹配。最终，双方达成了妥协，公司也被卖掉了，但这并不是一次非常愉快的经历。

创业成功的秘密7

不要把估值看成是你股票的价值，而要看作是你必须越过的一道杆。你不希望它太低（因为你会放弃更多的公司股份），但你也不希望它太高（因为你可能面临下跌轮融资或退出的限制）。

前估值的真正意义与公司目前的“价值”关系不大。这其实是一个预期，真正要关注的是，随着时间的推移，你能把公司发展到多大。

虽然大多数创业者只考虑他们要放弃多少公司所有权，但像投资者一样思考，看看你想把杆定得多高，这很有用。你还必须从股票价格的角度来考虑——它可以是天价，也可以是低价，每种价格都有其优点和缺点。也许你无法达到天价的预期。根据我的经验，创业公司很少达到预期。有时，事情在较短的时间内比预期的要好（如火箭般上升），但更多的时候，事情（客户、收入、受欢迎程度）进展花费的时间比预期的要长。

在很多方面，高估值并不总是比低估值好——它会限制你在退出时的选择——它会创造一个太高的杆，让你跳不过去；它会导致下跌轮，甚至可能会被认为是一家正在寻找出路的“失败”公司。

最重要的是找到那些投资者，他们的预期与你自己在公司经营、募集款项，以及你正在寻求退出的类型和规模一致。

不仅仅是钱的问题

虽然这个秘诀是关于估值的，但在决定向哪些投资者寻求投资时，还需要考虑其他非经济因素。以下是其中的几个因素：

（1）投资者的声誉，需要日常掌控。

（2）董事会的组成，决定企业发展。

这就是为什么了解投资者的非金融预期是一件很重要的事。与了解共同创始人的动机一样，了解投资者的动机，并同那些动机与你紧密一致的投资者合作也很重要。

Life360是一款超级成功的移动应用程序，它可以让家庭成员互相追踪。它的联合创始人亚历克斯·哈罗表示，企业家往往会寻找高估值，因为他们太害怕被稀释。亚历克斯强调，评估投资者时最重要的目标是，你是否希望他们加入你的董事会。与一些风险投资专家强调的一样，确保将进入你董事会的合伙人是能够增值的人。不仅每家风险投资公司不一样，风险投资公司内部的每一个合伙人也非常不同。

这个增值可能来自一个战略投资者（公司投资者），他想和你的公司合作。Life360与宝马（BMW）和安达泰（ADT，安全系统公司）等众多公司达成了许多此类合作，这些合作帮助它们实现了增长。

亚历克斯总结道："我们所有的董事会成员都很棒。真正建立一个强大的董事会很重要。如果能实现形成战略合作伙伴这一点，那就太棒了。但我认为，首先也是最重要的，投资者带来的众多价值应该体现在董事会层面。如果你不想和他们一起工作，如果你不想让他们成为你的合作伙伴……我认为，仅仅因为他们给了你合适的估值，或是因为你只是想用他们的钱，然后把他们扔到一边，那么选择他们就是一个巨大的错误。"

真相2

募集尽可能少（尽可能多）的资金

“创业者们过于关注圆饼的分配，或者说他们分得的那份圆饼。他们应该把更多的精力放在增大圆饼的规模上。”

——亚历克斯·哈罗，Life360联合创始人

这个建议涉及你应该募集多少（如果有的话）外部资金，以及何时募集的问题。它还反映了谁控制了公司，这是许多创业者都非常关心的问题。

这个建议存在许多变量，所有变量都围绕着本章的两个主题：稀释和控制。建议的第一个版本可能以不同的方式表述，但都有着相同的基本理念。

如果你真的募集资金，你应该募集尽可能少的资金，因为这样你放弃的公司股份会较少（稀释论）。

你应该尽量减少你募集的外部融资，因为投资者会控制公司，并赶走创始人，引入外部管理层（控制权论）。

并不是现在就应该拿更多的钱，因为将来公司的价值会增长，所以你可以在以后募集更多的钱，现在不要放弃公司的股份（延迟摊薄论）。

这个建议是我们第一个相矛盾建议的一部分。相反的建议是，你应该尽可能多地募集资金，而不是尽可能少地募集资金。为什么？这个版本建议代表的基本理念都是关于风险的（结果就是将来的稀释和控制）。

第三阶段 旅行的同伴：聘用和管理的陷阱

在英雄的历险期，他可能寻到盟友的帮助。这可能是英雄的考验之一：找出这个新世界中可以信赖的人。

——贾斯特斯 · R.斯通（Justus R. Stone）

第三阶段概述

在神话旅程中，同伴的选择通常是决定历险成功与否的关键因素。这些同伴不仅包括开始就加入旅程的人，也包括那些路上不同时间加入的人。

例如，在《指环王》中，佛罗多和山姆的计划是离开夏尔去见甘道夫。但在一系列事件中，梅里和皮平都加入了佛罗多和山姆的行列。这种伙伴的加入对以后的历险有很大的影响。团队对接纳阿拉贡犹豫不决，但他加入这场历险最终成为该团队最重要的选择之一。在瑞文戴尔，他们会接收更多的同伴，其中一些人只打算跟随他们一段旅程，而另一些人则会一直到最后。这就是《指环王》的第一部《护戒使者》的基础。

创业之旅虽然不同于神话旅程，但也带来了类似的挑战。有时，我们一同开始旅程的人（我们的联合创始人）并不是那些在未来最有价值的人。选择如何建立管理团队，尤其是在公司成立初期，是至关重要的。此外，创业之旅的“最有价值球员”（MVP）可能是后到的同伴。

这一阶段是有关聘用和解雇创业公司员工的，包括管理团队成员的时期。一旦你必须聘用一到两个人，本建议的效能就显现出来了。对于大多数创业者来说，招聘是一个最早、最容易犯错的领域。而且，成功地建立一个公司不仅仅是聘用和解雇，同时还有如何管理那些有不同长处和缺点的员工。最后，我们的几位专家指出，如果你想培养成功的员工和管理者，那么你需要随着公司的发展而不断改变。

在《英雄之旅》中，约瑟夫·坎贝尔展示了8种不同的原型，他们出现在许多不同的神话历险中。虽然其中一些原型最能代表投资者和顾问（“域阈守护者”和“导师”原型），但一些最重要的原型还是创业过程中的员工。“同盟者”通常与联合创始人联系在一起，但“同盟者”也很可能是在创业初期就成了值得信赖的员工。例如，微软的史蒂夫·鲍尔默和脸书的谢丽尔·桑德伯格（Sheryl Sandberg）都是其公司的早期员工，严格来说，他们不是创始人，但在创业公司的发展历程中都发挥了巨大的作用。另外，“恶作剧者”原型可以带来幽默和意想不到的旅程停顿，有时我们的员工会扮演这个角色。也许最困难、最常见的原型之一就是“变形人”，他们看起来是准备为创始人在旅途中提供帮助，但最终却有自己的计划。在典型的历险中，他们可能最终会成为“敌人的仆人”，但在创业之旅中，他们往往是创始人最初信任的人，但他们自己的计划最终会给创业公司带来难以置信的混乱。原型与管理团队成员或员工之间的对应关系不一定是一对一的映射，任何同伴都可能具有多个原型的元素。

所有的英雄都会很快认识到，旅途中的同伴，无论在神话中还是在创业中，往往最终会直接影响旅途的成功与否。在创业之旅结束时，大多数初次创业的人在招聘和解雇员工方面，都会更加睿智，因为他们在以往的错误和与人相处的实际经验中获得了智慧。通过理解本章的陷阱，你不会再一次在创业之旅中犯同样的错误。

陷阱8

聘用最有经验的人

我们不要再争论了。我选择了巴金斯先生……如果我说他是个窃贼，他就是个窃贼……或者到时候会是！

——甘道夫

在《指环王》的前传《霍比特人》中，小矮人需要一个额外的旅行伙伴，他们求助了一位睿智的年长导师（就像许多创业者一样）——巫师甘道夫。当甘道夫第一次选择比尔博·巴金斯先生作为他们的小偷时，在团队的其他人看来，老巫师犯了一个大错误，比尔博·巴金斯一生中从未盗窃过任何东西！

但是甘道夫在没有任何盗窃经验的霍比特人身上看到了其他人看不到的东西——当他们到达孤山，必须面对巨龙的时候，比尔博·巴金斯不仅非常擅长完成他指定的任务，而且赢得了他的历险伙伴的信任和尊重，一次又一次地把他们从危险中解救出来。

在创业初期资金不多的时候，这种事情几乎总是在发生：你聘用一个没有任何经验的人，但他聪明、渴望、学得快。这个人最终成了你早期最有价值的员工之一，我称之为MVP。

随着公司的发展，通常会更多地强调聘用你能找到的“最有经验”和“最好”的人，这是大众的认知。

在创业公司中，为关键职位聘用错误的人可能是灾难性的。在硅谷这样一个人才难求的地方，你可能不仅要花上几个月的时间才能发现员工不是合适的人，还要花上几个月的时间去寻找替代者。此外，聘用错误的人却没有及时意识到这一点，可能会导致创业公司的产品或客户群遭受灾难。

创业团队天然的弱点

我所说的公司的“天然的弱点”特别符合事实。

大多数创业团队都有一个天然的弱点，也就是创业者不太擅长的领域，因为他们的经验有限。结果，他们最终聘用了错误的人，有时是反复如此，导致了一个“旋转门”职位的存在。事实上，“旋转门”职位的存在就很好地表明了创始人天然弱点的所在。

如果创始人来自技术/工程背景，那么公司天然的弱点通常在销售和市场营销方面。如果创始人来自销售或营销背景，那么公司天然的弱点往往是工程方面。有时，对工程或销售/营销导向这两种类型的创始人来说，产品管理是其薄弱领域。

领导职位通常是创业公司最难填补的职位，通常是首席技术人员（首席技术官或工程副总裁）或首席销售/营销人员（销售副总裁、营销副总裁）或首席产品负责人（产品副总裁）。用合适的人来填补这个职位可以成就公司。用错误的人（反复）填补就会对公司造成破坏。

太多的经验或成为阻碍

传统的看法是，你应该为每一个职位聘用你可以找到（并负担得起）的最有经验的人。但正如我们在创业陷阱中看到的那样，传统观念往往会给你带来很多麻烦！

第一次创业（甚至是第二次和第三次创业）的团队往往对简历上有知名人士印象深刻。这是一位曾在某大型知名公司（如谷歌、甲骨文或微软），或甚至可能曾在某个快速增长的创业公司工作过的候选人。

创始人被这些资历所打动，聘请此人担任销售副总裁或工程副总裁，并期望一切顺利。但是，在创业公司的早期阶段，尤其是在创始人天生薄弱的领域，让其扮演关键的领导角色，就好比在没有安全网的两座摩天大楼之间走钢丝。在大公司工作的人已经习惯了拥有大量的安全网（尽管他们可能不承认这一点）。

有时你很快就会明白，在一家大公司拥有丰富经验的员工有时并不适合一家充满活力、快速发展的创业公司。这可能是因为应聘者习惯于在大公司获得更多的支持，或者不够灵活，无法根据企业初创阶段的需要调整自己的战术或策略。

当这种情况发生时，第一次创业的人往往需要一段时间才能解雇这名员工。从逻辑上讲，受雇者的简历应该能让他们在那个职位上取得成功。由于该员工经验丰富，创始人对是否应该立即让他们离开有些犹豫，直到事情发展到极点，双方都感到挫败的数月后，创始人终于解雇了该员工。这就使得他们还要聘用下一个销售主管（或技术主管、产品主管），旋转门开始旋转了。

Life360的亚历克斯·哈罗在采访中告诉我：“我认为人们推迟解雇的时间太长了。每次我解雇一个人，我都会告诉自己，‘下次我要早点做’。每一次都早点做！”

并不是亚历克斯一个人，几乎我采访过的每一位创业者都后悔没有早点解雇某些人。他们承认自己有一种直觉，认为这个人没有找到解决问题的方法，但由于所谓的逻辑原因，他们没有尽早根据这种感觉采取行动。实际上，最重要的原因就是“经验”。

创业模型5：聘用四象限

避免这些常规错误的方法是使用“聘用四象限”来考虑招聘和解雇。

在我创业生涯的早期，我的一位导师让我第一次接触到该模型。随着我参与的招聘、解雇越来越多，我越来越意识到这四个象限背后的原则是多么重要。

现在，我要确保与我共事的每一家创业公司的创始人都能真正理解这些象限，并有意识地评估新员工（甚至现有员工）符合该模型的哪一位置。

和许多这样的模型一样，我们也用两个轴，相交形成四个象限。两个轴是：

（1）经验/能力。这个轴是一个简单的评估，评估员工的经验（对于新员工）或能力（对于现有员工）与工作的匹配程度。对于程序员来说，这可能意味着他们过去用类似的语言编程，或者构建了相似类型的应用程序。对于产品管理者来说，这可能意味着他们以前管理过的产品的规模或性质。通常一个人的经验会在简历中体现出来，但在招聘过程中，能力可能更难衡量——衡量能力唯一可靠的方法是在你聘用他之后，观察他所做的工作。所以，把这个轴看成是新员工的“经验”和现有员工的“能力”。

对于新员工来说，“低”经验水平意味着他们以前没有做过这项工作，“高”经验水平意味着他们以前在某家知名公司做过同样的工作。

对于现有员工来说，“高”技术能力意味着他们知道如何很好地完成特定工作（例如，他们知道如何很好地用当前的编程语言构建产品）。“低”能力意味着他们没有很好地完成工作，正如你信任的专家所评估的那样。在天然的强项领域，创始人通常都能很好地对能力做出评估。当我担任第一家创业公司的CEO时，我和我的联合创始人编写了许多原始代码，因此我们很容易评估一个新开发人员是否是一个优秀的程序员。但对于销售和市场营销，我们没有经验，这对我们来说有点困难，不过对于销售，有一个明确的指标是可以量化的（他们在一段时间内卖出了多少产品）。

（2）文化契合。第二个轴较为主观，但与个人和创业公司文化的契合度相关。无论创始团队是否意识到这一点，每一家创业公司都有自己的文化。而文化契合包括但不限于工作风格、沟通风格、工作计划，更重要的是，如何衡量任务或项目的成功。

例如，在工作时间方面，有些创业公司由于有家庭成员，他们喜欢早起早归。而有些创业公司的成员则会半夜在家工作，并在网上交谈。一些创业公司喜欢在晚上7点一起吃饭（或者在家里点比萨饼）。一些创业公司可以接受它的员工每周有一两天在家工作，而这对另一些创业公司则是很大的问题。

然而，比这些“软”文化因素更重要的是“工作作风”。有些人需要谋而后动，而其他人则喜欢直接参与其中，在亲自动手后，再提出计划。有些人喜欢制订周密的安排和日程表，而另一些人则乐于不拘细节，并且每周（或每天）变更优先事项。你可能会聘用一个擅长遵循特定方法的人，但你的创业公司没有使用这种方法。如果他们坚持使用该方法，就会导致公司文化契合度变低。另一种迹象则表明某些人可能不是很好的文化契合者，就是当你需要他们去解决一个新的问题时，他们会犹豫，因为他们只想做一直在做的事。根据我的经验，适应性是评估文化契合度的主要方法之一。另一个主要方法的是沟通方式。有时，一家创业公司的文化契合表现在发邮件要“抄送每一人”（cc:everyone），这样每个人都能意识到特定任务的状态和挑战。而对其他创业公司，情况恰恰相反——你只想和你的顶头上司沟通。在创业公司中，报告体系在一开始往往也是模糊的。虽然从技术上讲，销售副总裁应该向CEO报告，但如果有两位创始人，销售副总裁很可能必须对他们两人都负责，因为他们都是董事会成员。

现在我们有了两个轴，它们组成了四个象限（如图8-1），从左下角起，按顺时针依次编号为1、2、3、4。

一般来说，我发现创业者（尤其是初次创业者）更重视轴线1（经验/能力）而忽视轴线2（文化契合度）。四个象限的各自内容表明了为什么这可能是一个错误。

与所有四象限模型一样，其中两个象限简单，两个象限很复杂。让我们从两个简单的问题开始。

（1）象限1：文化契合度低/缺乏经验或能力水平低。这是最容易做决定的象限之一。如果一个人适合此象限，那么他既不适合这份工作，也不适合你的公司。

图8-1 聘用四象限

结论很明确：不聘用。在招聘过程中，你会看到许多适合这个象限的应聘者。你还会发现，在看到他们的工作之后，很多你已聘用的人也适合这个象限。结论也很明确，让他们走人，并且不能等太久，否则你的创业公司会因此遇到问题。

（2）象限3：文化契合度高/经验丰富或能力水平高。当然要聘用一个符合这个象限的人，但这样的人很难找。如果你真的找到了一个符合你公司文化的人，并且在所要求的工作/任务方面有着很丰富的经验，那么一定要聘用他！如果一个现有的员工非常符合这个象限，并且证明了他们能胜任工作并具有良好的文化契合度，那么一定要留住他们，让他们开心！

重点是要识别出符合余下两个象限（2和4）的人，并迅速做出正确的决定。这两个象限包含在创业公司中引起混乱的人，同时，这些象限也是你发现“隐藏的宝石”的地方。

大多数糟糕的招聘（和解雇）决定都来自没有足够快地确定应聘者或员工符合哪个象限。

让我们看一下通常导致麻烦的两个象限。

（1）象限2：经验丰富、文化契合度低。不幸的是，我发现很多新的创业公司聘用适合这个象限的员工，对于现有的员工而言，这可能是一个技术能力很强的人，但是他的工作风格会给团队的其他成员带来问题。文化契合度可以用许多不同的方式来定义，而一般的偏好是聘用一个简历极其丰富的人，不管他们是否符合你想要建立的创业公司的方式。为什么？因为他们有经验，知道如何完成工作。

（2）象限4：缺乏经验、文化契合度高。这个象限包含那些很适合你公司的人，但他们可能不是团队中最有经验的程序员或销售人员。“契合”不仅仅是和每个人能很好相处，一起去吃午饭，还包括这类员工会热情地投入工作、学习新的工作职责。他们会为客户解决问题，他们会熬夜找出解决紧迫问题的方法，而不是把责任推给下一个人。他们早期的主要缺点是，没有像其他应聘者一样有从事该行业的多年经验。

图8-2　聘用四个象限对受雇者的评估结果

你怎么处理这两个象限中的个体呢?

这取决于你是在招聘新员工还是在评估现有员工。底线是，你应该尽快让那些经验丰富但文化契合度较低的员工离开（或者不聘用），而留住（或者给一个机会）那些尚未具有你所需要的经验但很适合你创业公司文化的员工。

经验太多会导致僵化

我曾从一家大型游戏公司聘了一位首席程序员。他很有经验（应该是），也很有能力。他说，他受够了大公司，想在一个更小、更有创意、体系化程度较低的环境中工作（顺便说一句，他们在面试创业公司时都这么说）。

在为我们工作了几个月之后，看到我们的环境是多么的“无组织”，他决定回到以前的雇主那里——他们为其设置了任务的“组织结构”，以及明确了他的工作成效如何衡量。我们公司没有这样的结构，我们只是希望他负责“完成我们产品所需要的任何事情”。他想把所有时间都花在开发工具上，让开发过程变得更简单（而不是真正为游戏编写代码）。在大型游戏公司中，这是一种选择，但在一个小型游戏公司，你不可能养着不为你的游戏编写代码的开发人员。

有时，一个真正称职或经验丰富的员工在他们知识范围内和他们做事的方式上会不够灵活。一位创业公司的创始人告诉我，他想让自己的技术主管从事一个新项目，但她拒绝了，说她只会从事她受聘时谈好的第一个项目，否则她就辞职。这就是一位经验丰富但文化契合度较低的员工。

这位创始人觉得自己被卡在岩石和硬地之间。这对创业公司来说可能是灾难性的，不仅仅是因为对员工个人的影响，也因为它最终会破坏创业公司的整体文化，以不健康的方式毒害创业公司。

当组合不对的时候

招聘时要考虑的另一个方面不仅仅是一个员工的文化契合度或经验/能力。你在建立一个团队时，简单地聘用擅长不同领域但不能很好合作的人，同样会有问题。

贾德·瓦莱斯基回忆起他早年在Gnip公司时说：

> 一开始是“这段时间，我们只招聘最好的、最有经验的人”，在做了一年半之后，事情变得一团糟。
>
> 厨房里主厨太多就是个问题。你需要副主厨，你需要预备厨师，这是真的。我通过艰苦的方式学会了这一点。在一年半之后，我们让公司的一半人离开了，这在很大程度上是由于公司出现了很多动态变化。

创业成功的秘密8

在一家创业公司中，找到一个“文化契合度”很高的人比找到“最有经验”或“最好”的人更重要。

创业公司的发展速度与大公司不同。有时，他们需要做出困难的转变，人们必须能够学习全新的技能或进入一个新的市场。

我在创业公司时遇到过的一些优秀的员工，在我们聘用他们时他们并没有多少经验，但通过他们的积极主动和不断努力，他们的工作职责超越了原本属于他们的领域。而我在创业公司遇到过的一些最差的员工往往有很多经验，但他们只希望处理好自己特定的“职责领域”的工作，很少能与团队其他成员很好地合作。

通过使用聘用四象限作为思考招聘和解雇的心理模型，你可以更快地做出决定，并为你的公司找到合适的“组合”。

亚历克斯·哈罗论创业员工：从通才到专家

聘用时要考虑的另一个因素是，正如创业公司不断发展壮大一样，各个职位所包含的任务也在不断变化。因此，公司可能从一个人同时负责质量保证和技术支持开始，随着时间的推移，为每个职位聘用专门的人。

亚历克斯·哈罗对此做了很好的描述。他将Life360从一家小公司发展成为一家拥有数亿下载量的公司：

只有25个人时，你只是在努力适应市场，每个人都可以做很多事，因为有太多事情要做，所以一切都不成问题。这时让火车朝同一个方向行驶很容易。

一旦超过25人，接近50人时，就必须更加专业化。这时，你会遇到更尖锐的问题，你要试着让那些“万事通”变成他们所从事工作领域内的专家，帮助你解决需要解决的问题，并借此将员工数量扩展到数百名。问题是，“万事通”和那些能帮你将员工数量从50人扩张到100人甚至上千人的人，通常不是同一个人。

这可能会导致尴尬的局面，在创业初期起到重要作用的人，在创业成长过程中也许干得不太好。让他们走似乎不地道，但这几乎发生在我能看到的每一家创业公司。通常，作为创始人，你会努力为这些早期的员工，即“万事通”找到合适的位置。有时效果很好，但更多时候，情况并非如你所愿，你必须让早期员工离职——这可能是双方共同的决定，也可能是你必须独自做出的非常困难的决定。

每次这么做都让我心痛，我为此感到难过。但这对公司来说是最好的事情，想到这儿我才松一口气。两周后情况好多了，因为这是公司的正确决定。

陷阱9
“让员工做自己的事”，还是“我自己可以做得更快”

这个建议涉及创业者从个体实干家（程序员、销售员）到管理者，然后随着公司的发展，再到管理者中的管理者这一自然进程。

这两个建议的相互矛盾，“让员工做自己的工作”，以及相对地，“我自己可以做得更快”代表了对直接下属员工的两种极端的管理方式。这两种观点之所以在创业之地反反复复，是因为它揭示了创始人和创业者对管理的不同思考方式。

假设你创建的公司以编写代码为主，并且你自认为是一个非常优秀的程序员。作为其他程序员的管理者，你会怎样做？或者，如果你是一位创始人，并向公司的几个初始客户销售了最初的产品，那么其后，你将如何从产品销售向销售人员管理者或区域销售管理者过渡？

在兰迪·科米萨成为风险资本家之前，他是一名“虚拟CEO”，他的专长之一就是指导创业者成为更好的管理者。

兰迪说：“一旦你有了一个团队，最大的挑战是①当团队落实到位，你如何让他们承担责任；②你如何评价他们；③你如何传达期望；④你如何定期向他们传达你的愿景；⑤你如何评估他们在这些方面的表现。”

从本质上讲，这是所有公司的日常管理事务，不管它是不是创业公司。兰迪还指出，大多数人，不仅仅是创业者，作为管理者都很挣扎，特别是在设定期望值，以及让直接下属承担责任方面。另外，我发现创业者大多是经验不足的管理者，他们希望自己的下属员工能够理解自己的期望，当这些期望落空时，他们往往会感到愤怒或沮丧。

令人走向极端的建议

大多数创始人往往走向极端，要么成为微观管理者，要么走向另一个极端，成为甩手掌柜。微观管理者事无巨细，不断要求更新状态，而不是放手让员工做自己的工作。而甩手掌柜则是过于粗放，没有充分检查员工的工作，甚至通常不能了解到底发生了什么。

我发现创业者往往会成为其中之一。为什么？事实证明，每一种管理风格通常都是一种我们对自己的根深蒂固的理念，以及我们对管理工作的态度的结果。

- **陷阱9-1：我自己可以做得更快。**在短期内，本建议有其真实的内核，许多创业者都认同这一点：聘用员工接手一项特定的工作，他们会很快成长起来。创业者对一个人完成一项任务要花很长时间感到沮丧，他们认为自己去做会比让员工去做更快。这样的事，一定发生在创始人的“天生强项”的领域。我承认，在创业公司的早期阶段我也倾向于这样做——我自己编写代码，而不是让员工去做。这里的问题不是创业者不能做得更快——通常会更快——但从长远来看，它最终会导致公司的效率降低，因为创始人不可能是一名全职程序员。

- **陷阱9-2：让员工做自己的事。**这种对立的建议，也有一个真实的内核，它多出现在工程界。我经常从麻省理工学院的同事那里听到这句话，它源自一种根深蒂固的理念，认为“真正的工作”是由工程师和“实干家”完成的，管理者是那些不做实事的人，然后把别人的成就揽在自己身上。［电影《上班一条虫》（*Office Space*）中对此有这样一个令人难忘的描述：管理者端着一个咖啡杯走来，说着些套话。]

让我们更详细地研究一下这两个问题，看看我们是否能从中学到一些关于在创业环境中做一个好管理者的知识。

创业者为何会成为微观管理者

在比尔·盖茨创办微软几年后，有一个关于他的故事。他曾指示他的工程师们只用4k（千字节）内存创建一个文本编辑器。这是一项艰巨的任务，当他们做不到的时候，他沮丧地举起双手。在接下来的两天里，没有人看到他，然后他出现了，创建了一个只使用4k内存的文本编辑器。这不仅向他的工程师们展示了“它是如何完成的”，也证实了他的理念，即他可以比工程师们“更快”“更好”地完成任务。这件事发生在20世纪80年代初，但今天依旧有同样的事情发生。我不得不承认，我自己就数次做过同样的事，当一个开发人员不能完成一些我觉得只要一点点聪明和努力就可以完成的事情，我只好亲自动手。

这种情况对一个创业者来说是相当沮丧的。但在另一方面，“自己动手”的结果使你成了“英雄”！

但让我们从员工的角度来看这个故事。如果你的老板这么做你会怎么想？一方面，有一个了解自己工作的老板很好，这种类型的老板能帮助你；另一方面，让他翻看你的代码，或是你的老板“让你难堪”会非常令人沮丧。

我并不是说员工都不需要有人教导他们该如何去做，有员工需要。但是，这种做法绝不可以扩大范围——比尔·盖茨在成为微软这家上市公司CEO后，不可能自己编写所有的微软相关程序！如果他尝试这样做，你一定会认为他疯了。

那么，除了自己动手，最好的办法是什么？就是一切都按“我的方式”做。这就导致创业者需要对流程的每个部分进行微观管理。微观管理者的特点是希望按他自己的方式做事，并对员工工作的各个方面都做出规定。

目前，有许多微观管理者造就了许多伟大的事情，如史蒂夫·乔布斯，他创造了第一台麦金塔（Macintosh）电脑。他还做了很多伟大的事情，但很多为他工作的人都说，这导致他们迎来了代价巨大的失业生活。詹姆斯·卡梅隆（James Cameron）是《泰坦尼克号》（*Titanic*）和《阿凡达》（*Avatar*）的导演，他在电影拍摄过程中是一个从不认错（而且几乎神经质）的微观管理者。

但我想说的是，对于每一个完成大事的微观管理者来说，相对应的可能有几十个甚至几百个没有做成大事的微观管理者的例子；他们只是很难与之工作的人，任何员工一旦能找到更好、更健康的环境，最终都会辞职。

削弱管理者的权力是微观管理的表现之一

对于许多创业者来说，当他们的管理者向他们汇报工作时，这些管理者也在管理着下属，这样问题就更加复杂了。创业者会对突然与员工脱节而感到不适应，他由此可能会对管理者进行微观管理。

Life360的亚历克斯·哈罗说：“作为独特的管理者，我其实还不错。管理10个直接下属，我做得很好。”

“然后从10个到50个，”亚历克斯继续说道，“我开始聘用经理来管理那些最初是我直接下属的人。我真正搞砸的问题不是我不信任我的经理，而是当员工做了我不喜欢的事情时，我很容易介入并试图解决它……而不是让他们自己解决。我削弱了我的经理的权力，因为我对员工会成功还是失败没有信心。”

亚历克斯总结道："我当时正在介入并试图替代经理管理。我想个别工程师会很欣赏这一点，但问题是，管理者永远无法真正成功地使自己成为一名合格的经理，并帮助公司发展壮大。"

做一名糟糕的微观管理者的后果

痴迷的微观管理者就像古老的佛教故事中的那个骑马者。在这个故事中，骑手试图告诉马儿到达目的地它应迈出的每一步。对于任何曾经骑过马的人（即使你没有骑过）来说，很明显这是一种错误的管理马儿的方法。相反，你只需指向正确的方向，给它一个速度快慢的指示即可。如果它走偏了，你就再次指出目的地的方向来纠正它。

有时候，一个创业者变成一个微观管理者，他还不断地贬低员工的工作，再次反映出"我自己可以做得更好"。这种不断地批评和理论上高人一等的做法会导致员工的士气低落。

我曾经投资过一家公司，公司的创业者不断对员工和承包商进行微观管理。他们中的一些人会拿创业者的"虐待"开玩笑——也就是说，他会对他们的工作或他们在公司的地位发表苛刻的言论。他甚至对承包商也是如此，一些承包商从事股票交易，并同意在公司获得更多资金之前不拿报酬。没有什么比帮别人忙，却不受人尊重更让人沮丧的了。

当我第一次注意到这个创业者贬低他的员工时，我接受了创业者的说法，即这个员工"不称职"。当这种事情再次发生时（关于另一个员工），我开始产生怀疑。当第三个员工再次遭遇这种情况时，我知道这是一个可怕的管理者，他有一种专横、缺乏安全感的性格，觉得有必要贬低他的员工。果然，几年后，他的公司倒闭了。

什么时候可以做一个微观管理者

是信任问题使你成为一名微观管理者——也就是说，你不信任你的员工能做正确的事情。事实上，在某些情况下，你不仅可以，而且作为一个创业者，你可能必须成为一个微观管理者。这些情况通常涉及员工的不确定性。

当你第一次和某些员工一起工作时，你可能一点也不清楚他们是否优秀，甚至不知道他们是否能胜任工作。你需要经常详细地检查新员工的工作，而对工作过一段时间的员工应有所放松。然而，对于新员工来说，这种微观管理阶段不应该持续几个星期或几个月——如果持续了，那么很明显，员工或管理者（或两者）有问题。

如果你怀疑某个员工在胡扯，或者真的不知道他应该做什么，你就可以以微观管理者的角色出现。以我的经验，这种情况还真的很常见。有些员工只是面试时表现很好，谈吐很好。当我住在波士顿时，我发现这种情况经常发生在技术界。这些人曾在大公司的信息技术部门工作过，他们薪水很高，但办事效率不高；有时他们谈得很好，但结果却事与愿违。

当我搬到硅谷的时候，识别那些“江湖骗子”变得更加困难，因为大公司都是科技公司——包括苹果、甲骨文和谷歌等。因为他们讲的都是创业公司和创新的流行语，所以很难区分一个“健谈者”是不是一位很好的“实干家”，特别是当他们把别人的功绩揽在自己的身上时。

对一个“江湖骗子”进行微观管理是一个好办法，可以区分出他们所说的和所做的是否相符。例如，如果他们说要花两周时间完成一项任务，那你就每天和他们坐在一起，看看他们如何在两周内完成这项任务。有时他们会说他们彻底修改了别人的代码，而实际上他们没做多少工作。此时除非你看代码，而不是仅听信他们的话，否则你不会知道真相。微观管理阶段应该持续足够长的时间，使你能够对这个员工做出正确评估（记住招聘和解雇的四个象限）。

如果你不得不把所有的时间都花在对某人的微观管理上，那么事情就不对劲了。要么他们不是有价值的员工，要么你不是一个好的管理者。

为什么创业者会成为甩手掌柜

让我们看看另一个极端：甩手掌柜型管理者。如果微观管理者就像一个在你谈话时经常插嘴的侍者，甩手掌柜就像一个在你需要的时候却不在场的侍者。这对餐馆的顾客和企业员工来说都非常令人沮丧。

现在，甩手掌柜在字面上可能是“不在场”，例如，我的老板总是出差，而且从不在我们身边回答问题。或者，“不在场”只是一个比喻——也就是说，我的老板一直在他的办公室写代码，但他太忙了，我不想用我的问题来打扰他，但结果是，本该上周做出的决定现在仍然没有做出。

如果从好的方面理解，创业者成为甩手掌柜的原因只有一个——那就是他们正在从“实干家”转变为“球员教练”，他们还有很多自己的工作要做。如果是因为创业者一直在出差，那么是时候找一个本地的管理者了，他可以给员工需要的时间和关注。

然而，即使你想从繁杂的事物中脱身，但在创业旅程的某一刻你还是会意识到，在可预见的未来，你将一直有很多的工作要做，直到公司成为一个盈利企业，或退出（出售公司），或直到它停业。

20世纪90年代末，我创办了一家小型咨询公司，名为Inside Vision Technologies。我们帮助公司围绕Lotus Notes制作解决方案。我是唯一的股东，还有几个员工，但我发现我在不止一个项目中扮演着关键角色。我在为这些项目的盈利负责，所以如果我不做我的那部分工作，我们的盈利就会减少。

我还发现，在编写代码的日子里，我没有花时间管理其他项目的员工或客户，这些项目的工作质量受到了影响。

最后，我想出了一条非常有用的规则：我会用早上的时间管理员工，只有做足管理工作之后，我才会开始编写代码。虽然这使我在员工回家后，还要用更多的时间编写代码，但它比用相反的方式工作要好得多。编写代码是一项需要花费很长时间的工作，如果我一到办公室就投入进去，我就会变成一个“缺席”的老板——我永远也不会有时间去做适当的管理工作，因为编写代码会一直持续到晚上！

潜在信念：信任和不安全感

部分创业公司的创始人都持有一些潜在的信念，这些信念导致了一些管理问题。这些信念始于两个建议（“让员工做自己的事”和“我自己可以做得更快！”），让我们深入探讨创业者的情感构成。

在微观管理的情况下，看看内部是什么驱动了这种行为很具有启发性。你不仅觉得你能做得更快（这在短期内是正确的），而且你觉得你必须自己去做，因为其他人都是“无能的”（这揭示了潜在的信任问题，以及你在工作时与周围人相处时的不安全感）。

优越感即使有时是正当的，也是一种不安全感。对自己的技能充满信心是一回事；不断地向员工喊话，向他们证明自己比他们好得多，是另一回事！如果你想要像比尔·盖茨做文本编辑器那样，不断介入，永远做“英雄”，而不是让别人从错误中吸取教训，那么你可能成为一个有点作秀的人，如果一家创业公司要成长，这可能会导致更多的问题。

解决此问题的方法是学会深呼吸，然后问问自己为什么觉得有必要这样做。照此方法去做，在应对某些情况时，你就会比依靠“反应”更容易做出正确的选择。因为创业者承受着巨大的压力，他们会被束缚得很紧。有时，这会导致不安全感。而这种不安全感又很容易被认作（或伪装成）“只是努力确保它正确”！

管理不是真正的工作

正如微观管理一样，一种基本的信念体系通常会导致管理者缺位——那就是管理本身不是“真正”的工作。工程师特别有可能成为甩手掌柜，因为他们本质上是“实干家”，看不到管理的真正价值（我不得不承认，这通常是错误的）。

尤其是在科技界（尽管我认为在其他领域也有类似的情况），一种心照不宣的理念是：管理者们很糟糕。或许这已经是心照不宣的事了，因为作为一名工程师，我自己也有这种感觉。在麻省理工学院的同龄人中，这是一个相当普遍的观点。像《呆伯特》（*Dilbert*）这样的漫画和《办公室》（*The Office*）这样的节目促进和强化了这样的看法。

这种看法体现出了管理者的问题在于他们最终会揽走全部功劳，而这实际上是由实干家（在本例中是工程师）做的。同时，每次检查工作，他们都会占用你完成工作的宝贵时间。如果他们待在一边，那对工程师、管理者和公司都会好得多！

你接受或认同这种观点吗？我当然认同。结果是，在工程师中，有了第二种“心照不宣”的理念：“当我成为一名经理时，我会比我的经理做得更好！我要给工程师们很大的自由，让他们在不受打扰的情况下完成工作。”

然后，当工程师成为经理时，给了工程师们较大的自由度——这会导致旷工。

这和成为一个微观管理者一样有问题。与我以前同事的想法相反，管理是一项真正的工作，需要一定的时间才能做好。管理者不仅需要了解他们的直接下属在做什么，还需要为风险和突发事件做计划，了解这些与他们努力实现的公司总体目标是否契合。

更多参与与回避

创业者成为甩手掌柜的其中一个原因是，他们倾向于放弃那些不是他们天生优势领域内的责任。例如，技术型CEO可能会放弃销售和营销的所有责任，而非技术型CEO可能会放弃构建产品的所有责任。但作为CEO，你要对所有这些领域的结果负责，不论它们是否是你的专长领域，你都不能甩手。

记得在Play Labs加速器的一家游戏公司，CEO缺乏技术专长，而他的联合创始人是首席技术官，负责开发产品。这是一个非常典型的创始人分工配合的案例。然而，开发产品功能所花费的时间比首席技术官最初给CEO的预估时间要长得多，首席技术官在CEO认为最不重要的功能上花了很多时间。这名CEO来找我，他很沮丧，因为他觉得自己没有能力评估他的首席技术官做得是否很好，所以在某种程度上，他停止了“管理”首席技术官，成了一个甩手的管理者。但他还是把公司的问题归咎于他的联合创始人。

我告诉他，他已经走向了极端，他需要花时间了解他的联合创始人（以及这位创始人管理的开发人员）面临的问题。这并不意味着要进行微观管理，但至少要与首席技术官保持沟通，提出一些明智的问题，然后让首席技术官在他们认为需要，但实际上比预想要难以实现的功能上做出折中方案。他们最终解决了分歧，并及时制作出了第一批产品。

另一方面，创始人往往在他们天生的优势领域，或他们自认为应该了解的领域，成为专横的微观管理者。有一个例子发生在我们加速器中的一个非常年轻的团队：CEO和他的联合创始人在商务方面的经验很少（他们还在上学），但包括CEO在内，他们都是优秀的程序员。参加我们夏季加速器项目时，他们一起住在波士顿的一间公寓里。CEO来找我，他说对联合创始人很失望，因为他们毫无上进心，整天花时间玩电子游戏，而没有按照他的优先顺序推进工作。当我深入地询问一些问题后，我发现他所看到的“缺乏动力”的原因，是由于他强迫别人按照他的时间表工作——让其他人起早贪黑、没有休息地工作。他尽了最大努力去模仿他认为CEO应该做的事情，并督促他的团队在他限定的期限内完成任务。实际上，这个年轻团队成员有着不同的日程安排，他们觉得自己需要休息一下，这是他们白天玩电子游戏的原因，因为他们其他时间无法放下工作。我们商讨让他在微观管理上稍微退后一点，让他的团队参与关于工作时间、优先事项、日程安排等决策，并留给他们远离这位CEO的个人时间，因为他已经变得很紧张。在他做出这些改变之后，环境变得更加轻松有效。

管理者应该做好评估

管理是需要管理者能够管理风险和做出预估的。简单地从下属那里得到预估，然后把它们叠加在一个项目计划中，并不是真正意义上的管理。

尤其是软件开发，是出了名的预算超支和时间超时的项目。一个好的管理者会评估这个计划是否现实，如果当前的计划（可能是基于员工的估计）不现实，还要有备选计划。

一个好的管理者需要评估特定的员工能否胜任某项任务，如果不能，他必须调动资源来帮助他们，或者考虑让他们离开。评估的唯一办法就是检查员工工作结果，确保他们没有在错误的路上走得太远。

另外，如果一个管理者在没有员工参与的情况下，把所需的预估时间汇总起来，可能会遇到新的问题！他已经变成了一个微观管理者，而对微观管理的抗拒会导致拖延，或者管理者对工作完成的速度过于乐观。深入地挖掘管理者和员工（或联合创始人，就像在创业公司早期一样）的动机是一项长期工作。有时，过于强求，会导致结果与预期相反。

创业成功的秘密9

找到中间的路，不要做一个微观管理者或甩手掌柜！

那么如何避免落入这些陷阱？

不论斯坦福大学商学院里怎么说，我还是认为管理是一门科学，但更多的是一门艺术。当然，你可以遵循规则，但要成为一个有效的管理者，你必须综合运用逻辑（规则）、直觉（本能告诉你了什么），以及经验（这与你过去所见的其他情况相比如何）。

关键是要在成为一个微观管理者和一个甩手掌柜之间找到一条折中之路。

要做到这一点，你必须花一些时间做一些反省并寻找正确的工作模式。你曾经解雇过不止一个员工吗？你有不止一个员工离开了吗？如果是，为什么？

要反思的关键问题如下：

你认为你比你的员工更擅长某项工作吗？你觉得有必要经常让他们知道这一点吗？

你是否相信你的员工能做好工作，或是如果你给他们太多的空间，他们是否会搞砸？

你知道你的直接下属的长处和短处是什么吗？

你是否相信他们对完成一项任务所需时间的预估，或是你是否发现自己在改变别人的决定？

你愿意花更多的时间去“做”，而少花时间去“管理”吗？

通过深入研究这些问题，你可以避免成为一个徘徊在你的员工身边、对他们指手画脚、令人毛骨悚然且刻薄的老板，或是避免成为一个“甩手掌柜型”老板。然而，现实中最糟糕的是——两者的结合体！你可以找到自己的管理风格，利用你的优势并认识到你的弱点。

记住中间路线

基努·里维斯（Keanu Reeves）主演的电影《小活佛》（*Little Buddha*）中有一个场景，总是能提醒我寻找中间路线（尽管基努模仿悉达多的印度口音有点让人分心）。这一幕是根据一个古老的佛教故事改编的。

在度过了他生命的第一阶段——作为王子的那段时光后，悉达多成为一名禁欲主义者，在森林里有一些同伴。他不给自己任何舒适和奢侈的环境，甚至一天只靠一粒米过活。有一天，他决定从冥想中醒来，因为饥饿总是困扰着他。

他沿河而行，无意中听到一位老师在教他的学生为锡塔尔琴（一种印度乐器）调弦和演奏。

“如果你把琴弦拧得太紧了，”老师说，“它会断的。如果你把它调得太松，那就不能弹奏了。”

听到这句话，饥饿的悉达多意识到他做错了。他像一个苦行僧，把琴弦拧得太紧了，几乎什么也不吃。同样，那些以相反的方式放纵自己的人，过的是“过于宽松”的生活。他意识到有一种折中的方式，可以让乐器——他的身体和意识——“演奏音乐”。

由创业者变成管理者，我们必须在令人沮丧的微观管理者和甩手掌柜之间，找到一条折中道路。要做到这一点，我们必须有一点自我意识。通过深呼吸，审视我们对自己的理念、员工的价值以及我们对管理的定义，由此我们就可以找到一条中庸之道。

陷阱10

好的管理带来更快的增长

我的第一家创业公司——头脑风暴技术公司，在头3年的每一年中都有快速的发展，但管理团队相对缺乏经验。不仅仅是相对缺乏经验，我们是非常缺乏经验。我和我的联合创始人米奇刚刚从麻省理工学院毕业，在我23岁生日之前，我成为CEO，却总共只有大约6个月的工作经验。我的哥哥在25岁“高龄”时，加入了我们团队。我们三人在公司成立的头几年就是公司的管理团队。

我很怀念早期的那些日子，但我能用来描述我们管理风格的最好形容词可能是“飘忽不定”。那时，我每提出一个想法，我们都会努力地实现它，重新设置我们的组织结构和目标，以配合我们最新的“头脑风暴”。在这段时间里，尽管我们缺乏经验，管理风格飘忽不定，但公司收益却在疯狂增长。或许这家公司被称为“头脑风暴”是有充分理由的。

引入“更好的”管理

几年后，我们的投资者，既是风险投资人又是战略投资者，认为该引进一位专业管理者了，他们请来了一位CEO，他曾在一家大型咨询机构工作。那时，我们的创业公司既有产品部门，也有咨询部门。在同一屋檐下同时管理这两个部门是一件困难的事。

随着更有经验的管理者加入，流程开始改善，责任划分开始调整，角色和目标都得到了更好的定义。随着新任CEO决定抛售我们的产品业务，专注于服务业务，公司的专注度因此得到提高。

管理层和投资者对我们应对重要客户以及面临的挑战有了更好的把握。此外，我们还制定了更好的战略规划和实际预算。

所有这些都是“经营良好”组织的标志。简而言之，在聘请了一位职业经理人担任CEO（并有效地踢开了创始人CEO——就是我）之后，公司似乎得到了更好的管理。

不幸的是，在新任CEO上任的一年内，公司的业绩开始下滑，因为我们失去了产品带来的差异化和市场曝光度。（产品部门已经卖掉了），而后我们又失去了咨询方面的一些大客户。不到两年，公司就倒闭了。

所以，在我们“经营得更好”的同时，我们公司也倒闭了。

另一个著名的例子是，著名社交游戏公司Zynga公司在其创始人CEO马克·平卡斯（Mark Pincus）的领导下，增长非常迅速，但却不稳定。它以超过70亿美元的估值上市。然而，平卡斯的管理风格和许多创业者一样，飘忽不定。因此董事会决定聘请经验更丰富的CEO唐·马特里克（Don Matricks），他此前曾扩展了微软的Xbox业务。毫无疑问，马特里克是一个更好、更有经验的管理者。Zynga公司开始有了更好的管理。不幸的是，尽管“管理得更好”，但亏损却在增加，而收入和用户却像滚石一样下落。两年内，董事会决定，是时候让这位创始人CEO回来了，这样Zynga公司才能发展移动业务。尽管它是一家上市公司，但它更需要一位创业型管理者来摆脱怯懦，至少在一段时间内是这样。但不久后，平卡斯又离开了，另一位更好的“管理者”又来了。这种情况我们已经见过多次了，包括史蒂夫·乔布斯在1985年被苹果董事会踢开，取而代之的是经验丰富的管理者约翰·斯卡利（John Scully），1997年他又大张旗鼓地重返苹果。同样的情况还有推特的杰克·多尔西（Jack Dorsey），戴尔电脑公司的迈克·戴尔，等等。

商学院的“错误”理论

传统商学院告诉我们，公司科学的日常管理可以为公司经营提供有力保障。而公司在人力资源、财务、销售渠道和产品开发等方面流程上的合理运作会给公司带来更好的财务状况，从而对公司产生影响。

问题是，“更好的管理”只能帮助你控制成本，增加责任感，并实现更多的体系化和更少的混乱。这样做只是看似能够带来更好的赢利能力。

开发过程（不管它们是敏捷式的、雷达增强型的、瀑布式的还是其他）会让产品团队更协调，并且有助于发布更高品质的产品；好的预算评估会让意外开支更少；对销售人员进行好的管理会带来更易预测的销售渠道和收入预测。

但这些事情本身都不会促进收入的快速增长，而这正是问题的症结所在。充其量他们可以帮助你实现管理增长（在有良好的增长的情况下）或提高赢利能力（在有赢利能力的情况下。但这对大多数创业公司是不存在的）。

正如我在前面所说的，我们在商学院学到的大部分知识对成熟市场中的公司很有用。不幸的是，商学院中的大多模式并不适用于创业公司。一个管理得更好的公司应该会带来更好的赢利能力，但由于大多数创业公司一开始都不赢利，因此它们的生存往往更多与发展趋势（增长）有关，而不是与其生命最初几年的效率有关。

灰色头发穿Polo衫的家伙

我遇见过一个朋友，她在21世纪头10年的中期在剑桥为一家非常“火爆”的创业公司——ThingMagic公司[①]工作。它是由5位麻省理工学院的校友

① 世界领先的射频技术及产品厂商。——编者注

在车库里创立的，目的是将射频识别技术带到沃尔玛等主要零售商场。

我听到过关于这家公司的各种声音，因为它被视为潜在的IPO候选人。很高兴这家公司有我认识的人。在交谈中，我从她的角度（她在金融界）问及该公司的情况，但她的回答远没有我想象的那么热情。她说公司发展得“一般般”。

我问她为什么，她说，那些向公司投入了2000多万美元的投资者，刚刚引入了传统的“灰发、穿Polo衫（马球衫）的家伙”，情况也在发生变化。随着流程和官僚制度的建立，她更喜欢的创业阶段（这也是她当初加入的原因）差不多结束了。我的朋友不久后就离开了这家公司，正如她所料，这家公司远未达到它的天价预期。

在那以后的几年里，我经常想起和朋友的这次交谈。这家名为“魔力”（Magic）的创业公司为何失去了魔力？为什么她如此笃定新的管理层不会成功？为什么她认为当“灰发、穿Polo衫的家伙”接管的时候好的劲头就结束了？

毕竟，许多炙手可热的创业公司在成长过程中都需要更好的管理，引入外部CEO来帮助他们成长也并不罕见。正如我们在“陷阱8：聘用最有经验的人”“陷阱9：‘让员工做自己的事’，还是‘我自己可以做得更快’”中所说，创业者并不总是能成为最好的管理者，所以投资者或董事会很自然地想引进更有经验的管理者，不是吗？

有经验的管理者比创业者更善于管理吗

在过去（我说的过去，是指20世纪90年代或更早的年代），风险投资公司有一个针对科技创业公司的剧本。这些公司（几乎总是）由创建产品、创造新发现，或为某些新工艺或技术申请专利的技术型人才创建。剧本从为产品的开发提供资金开始，然后聘请一位外部CEO来协助管理将产品推向市场的过程，正如我们在“陷阱4：伟大的产品和巨大的市场是最重要的事”中看到的，经验丰富的CEO会带来其他“经验丰富”的管理者，包括销售副总裁、营销副总裁等。

我从风险投资公司那里拿到第一份投资意向书时他们就明确表示，在他们投资后的120天内，将会有一位新的CEO。这不是问题，事情一直都是这样。

这种情况现在仍然存在，因为许多技术创始人都很古怪。但几年前，在硅谷进行的一项研究显示，成长中仍由创始人管理的创业公司，其业绩通常优于引进外部CEO的创业公司。

说实话，我不是一个通过“调查”创业公司来进行科学研究的人——我认为决定创业公司的成功或失败的因素太多，大多数调查研究可能会发现一些相关性，但完全没有抓住某个创业公司成功或失败的根本原因。

但这对我来说意义非凡。如果你看那些伟大的公司，比如早期的福特、IBM、微软和苹果，这些公司都由创始人管理了很长一段时间。

最近的例子，你可以看看戴尔、脸书、Salesforce[①]等公司。就连以聘请埃里克·施密特（Eric Schmidt）担任CEO而闻名的谷歌，在很多方面都受到了创始人的深刻影响，其中一位创始人最终接替施密特担任CEO，确保了公司文化的连续性。

我已经说过，创始人往往会造就糟糕的管理者。如果有人在公司疯狂发展期，有幸与著名的、已成为亿万富翁创始人，如马克·贝尼奥夫（Marc Benioff, Salesforce的创始人）、拉里·埃里森（Larry Ellison，甲骨文创始人）

① 客户关系管理软件服务提供商，世界第三大软件公司。——编者注

聊聊，你会听到让商学院教授脸红的故事。

询问一下脸书的早期员工，与更有经验的经理相比，在马克·扎克伯格手下工作是什么感觉——他们会露出奇怪表情，尤其是谈到他的管理风格时。但这些创始人兼CEO，在数年的时间里将他们的创业公司发展成市场领导者和行业巨头，所取得的成就是无可争辩的。

真正的秘密是，流程和管理使公司运行更高效、更稳定。它们有助于公司**管理**增长，但它们从不是公司增长的动因。事实上，它们甚至可能**抑制**增长。

这就是为什么每当我听说一家最近兴起的创业公司引进了一位新CEO作为“救世主”、投资者们兴奋不已时，我都会摇头。虽然不总是这样，但提个醒，通常是。

再举一个例子，推特，它的创始人经营了很长一段时间后，在IPO之前的某个时候，他们请来了一位更有经验的管理者迪克·科斯托洛（Dick Costolo）来帮助公司上市。他本应负责管理将公司从高增长转变为盈利的、上市的、高增长的公司。但随着推特用户的增长放缓，最初因期望值极高而飙升的股价也随之下跌。因此，科斯托洛出局了，董事会请回了创始人之一杰克·多尔西担任CEO，以便公司能够重新开始创新和发展。就在我写这篇文章的时候，多尔西是否是接管推特的合适人选仍在争论之中。

但是，在公司经历了初期的快速增长后，多数董事会往往会在两种模式间摇摆，他们倾向于以下这些观点：

（1）这家公司发展太快或做的事情太多（我们需要一位不那么飘忽不定的CEO和一位更好的管理者。因此，答案是引进一位外部CEO）。

（2）公司发展不够（我们需要请一位创始人类型的人，他将改变现状，使公司重新成长。我们能把创始人找回来吗）。

看看那些经历了最初成长阶段却步履蹒跚的热门创业公司，你可以画出一条正弦曲线，它显示了在一段时间后，公司处于成长和衰落之间的位置。幸运的是，公司能找到一位外部CEO或职业管理者，他们能够改进流程，建立责任感，并且非常有远见地在能为公司带来真正增长的项目上大量投资。这些人就像“未经雕琢的钻石”，最终受到创始人和投资者的信任。

期望值计算是胡扯

引入外部管理者可能会使公司运营得更好，但不一定会带来更多的创新或增长。请回创始人并不一定能带来更好的管理，但有可能带来更多的创新，而创新至少有机会带来更多的增长（尽管不一定能提升赢利能力，但这通常取决于流程和程序）。

Y Combinator加速器的创始人保罗·格雷厄姆（Paul Graham）曾有一句名言。“任何创业公司最重要的目标都是创造出客户想要的产品，”格雷厄姆总结说，“其他一切都会分散注意力。”

我要补充的是，你还需要找到最简单、最有效的方式，让客户知道并获得你的产品，即营销/分销战略，这通常是创业公司成功或失败的关键区别。

根据我的经验，创业者通常比职业管理者人更擅长这一点。通常，创业者看到一个机会，总是会不顾一切地去追求，不论这看起来多艰难、多疯狂。

创业者倾向于寻找最节省、最直接的方式，而有经验的管理者倾向于权衡风险。他们用下属提供的历史数据，并根据不同结果的可能性来计算预期价值。

这当然不是坏事。当一家公司发展壮大并坐拥大量资金时，是要认真考虑所要踏上的一条特定的道路是否会成为死胡同，抑或资金是否有更好的用途。这就是为什么要以冷静、合乎逻辑的方式来衡量每个决策的预期价值和投资回报率。

预期价值的问题在于，未来，尤其是创业公司的未来，是不可预测的。

在商学院，你学会了根据百分比计算不同选项的期望值。这些百分比从何而来？基于历史数据和最好的“预测”。问题是，在创业公司，你必须扔掉所有的历史数据，因为只有一件事可以预测，那就是你无法预测接下来会发生什么。这意味着任何基于可能性百分比的预期价值计算，在创业之地都是完全不可信的。

有一位教授写了一本关于电子表格建模的教科书。我记得在斯坦福大学的电子表格课上我问他，如果不同情景的概率百分比（模型的输入）是错误的，会导致什么？

“那么所有的结果都是错误的。”他回答说。

“但是，从哪里才能得到这些数值呢？”我问。

“从你这里，管理者。基于迄今为止的经验，你必须相信你作为管理者的直觉。”

在创业市场，还没有足够长的时间来提供有意义的数据或历史参考点，你必须相信自己的直觉。创业者的愿景比电子表格或预测更可靠，这恰恰是由于创业市场变幻莫测！

因此，对于创业公司来说，期望值计算完全是胡扯。成功的创业公司，通常是通过追求一个大公司因“期望值”不够大而决定放弃的机会来实现自身的成功的！如果创业公司证实或创造了一个全新的市场，大公司因此对这个领域产生兴趣。这些“大玩家”先是考察预期价值，进而决定打造自己的产品与创业公司竞争，或是干脆在新兴市场购买一家领先的公司。

创业成功的秘密10

“增长”不是缘于良好的管理，而是因为越来越多的客户喜欢并购买了你的产品。

在硅谷，我遇到过很多创业者，经常发现他们的创业公司聘用人数超出实际需要，并且在技术基础设施方面过度投资。而且，他们通常募集了大量资金（募集资金不多的创业公司通常没有这种选择）。

当我问他们为什么这样做时，他们通常会回答，这就是公司的规模。正如你所料，这些人并不是刚走出校门、没有任何经验的创业者，他们中的一些人曾是非常成功的创业公司的缔造者或大型公司的一分子，如谷歌、脸书或甲骨文。

他们会说，“你不可能一个人做好这一切”，好像在教训我，“你需要把这些事情交给有能力的人，他们会使你的公司成长”。然而，这些人中的大部分最终解雇了所有多余的人。为什么？

因为他们认为规模扩大就意味着增加基础设施和流程。基础设施和流程可以支持规模扩大，但不会导致规模扩大。这对于知名的、成长中的上市公司以及小型创业公司是一样重要的。需要扩大规模的唯一原因是你的产品或服务有更多的客户或用户！

关注实现增长的因素

早在20世纪90年代末，我就加入了Service Metrics公司的创始团队，该公司以2.8亿美元的价格出售给了Exodus公司，后者是纳斯达克100指数的成分股（不幸的是，随着互联网泡沫的破灭，这些股票价值很快就降到了280万美元，收入倍数从100倍降到了1倍左右）。Exodus公司是当时世界上排名第一的网络托管公司，它犯了在基础设施上过度投资的错误。公司为了给全球大型数据中心提供资金承担了大量债务，以期适应互联网的良性增长。

Exodus公司的管理并不差。大多数人都认同其CEO埃伦·汉考克（Ellen Hancock）并不是一个糟糕的管理者。毕竟，她曾在IBM和苹果担任过高级职务，在接任Exodus公司之前，她曾连续19个季度创下季度营收环比增长40%的纳斯达克纪录。2000年，Exodus公司的市值达到290亿美元，甚至超过了她的前雇主苹果电脑。

然而在2001年，Exodus公司股票下跌，申请破产。它在基础设施上花了太多的钱，借了太多的钱，无法持续赢利，因此股票很快变得一文不值。

我不是把这当作一个网络战争故事来讲述（因为许多参与这家企业的人都以很好的价格出售了手中Exodus的股票），而是探讨增长从何而来，以及应该（或不应该）如何管理增长。

管理者善于管理预期的增长，但他们并不总是擅长预测增长在何处（或何时，或如何）放缓，或者当第一个产品增长放缓时，下一个“大产品”可能是什么。请记住，任何在大公司（以及在此之前的商学院）工作过的、有着丰富经验的管理者，都会用过去的方法计算预期价值。不幸的是，正如我之前所说，期望值的计算在创业公司中不起作用，因为如果创业公司要遵循一个真理，那就是“过去不等于未来”。换句话说，事情会改变。他们可能会变得更好或更糟，但现实几乎会与预测的不同。

正如我们在上两个建议中看到的那样，虽然创业者通常擅长寻找新的增长机会，但他们并不总是擅长管理。

然而，比管理增长更重要的是，首先要了解产品和市场中哪些是导致增长的第一要素。它通常是产品/市场匹配和分销策略的某种组合，与整个市场的增长相结合。

一旦你确定了实现增长的因素，一定不要失去对它们的关注。除非你一直在更高端的层面上寻找增长的机会，否则所有最好的管理者都无法在这艘船撞上冰山时拯救它。

兰迪·科米萨谈为什么领导力不是做演讲

在我第一次创业的时候，我经常给我们的员工做很多演讲。刚从学校出来，这就是我对一个好领导如何激励团队的印象。

兰迪·科米萨曾指导过许多类型的CEO，他很快指出这种想法是错误的。

首先，很多人认为领导能力是一种风格，而不是一种技能。他们认为自己要么有，要么没有。

他们不明白，如果每个人都了解自己的长处和短处，并且了解一个领导者需要做什么，他们就可以用自己的（个人）风格，成为高效的领导者。

他们认为成为一个领导者，要么能发表鼓舞人心的演讲，要么能给出一个方向，但他们没能了解其中人性化的一面。作为一个领导者，自然要涉及如何与人沟通，如何激励人们，如何向人们表达你对他们的兴趣，如何让人们相信更大的事业，更大的愿景。因此，总的来说，如果我们说优秀的管理者很少见，那么优秀的领导者就更少见了。

兰迪指导创业者要如此理解员工的动机。

人们想为一个高出底线的目标而工作。你可以建立一种唯利是图的文化，但总的来说，这并不是最优秀的人的动力。你需要奖励人们，但你更需要激励人们。

激励不是钱的问题，而是要有比创始人的成功、投资者的成功甚至是你自己的股票期权的成功更远大的理想。它关乎实现价值，从而明确这些价值意义所在……它关乎能够清楚地向人们描绘如何到达那里，以及他们在路上的位置。

兰迪总结说，你可以是拥有任何一种个性风格的高效领导者。“我的意思是，这些都是领导力的重要方面，如我在前面所说，风格并不重要。你可以用激昂的演讲来让人们做到这一点，也可以让人们安静地、羞羞答答地做到这一点，有点像谷歌的拉里·佩奇——但需要清楚的是，不管你选择何种风格，都需要真诚和真实，需要沟通。”

真相3
不要误会，拥有2%的期权，并不代表能拿到200万美元

不久前，我和一家非常成功的游戏公司的创始人谈过他在出售公司时遇到的一些错误概念。他产生了一个错觉，这个错觉也会让一些关键员工感到心痛。

假设他的公司以1亿美元的价格被卖掉，他的员工就得到这样一个错觉：作为一名员工，我的期权占公司的2%，那么我应该得到大约200万美元，对吗？

错。像大多数错觉一样，虽然它并不是100%的错误，但一些复杂的因素造成了理解上的偏差。

我开始思考，为什么大多数员工都有这样的误解。甚至连投资者、顾问和其他股权持有人也常常有同样的误解。

毕竟，1亿美元的1%应该是100万美元。一家公司在出售时的实际资金分配虽然是基于收购时的股权结构表，但实际和预估可能会有很大差异。

第四阶段 考验之路：进入市场的陷阱

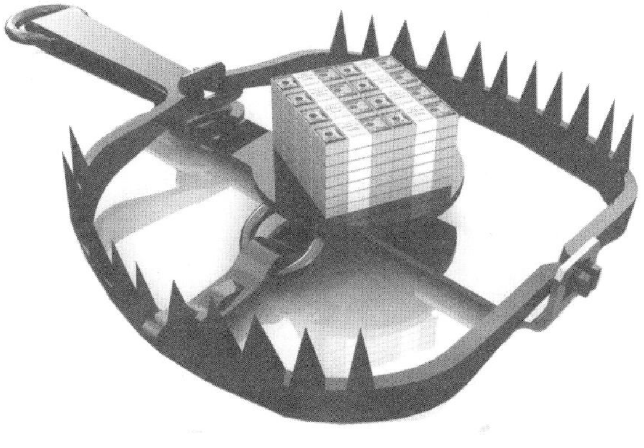

出发并进入考验之地只意味着漫长而危险的获得启蒙与解释之旅的开始。恶龙必须被杀死，英雄必须一次又一次地通过艰难的障碍。同时英雄也会获得许多初步的胜利、无法抑制的狂喜以及缤纷乐园的短暂一瞥。

——约瑟夫 · 坎贝尔

第四阶段概述

拿破仑曾经说过，没有任何作战计划在与敌人接触后还有效。大多数神话历险故事也是如此，而且非常不幸，对于那些希望获得创业成功药方的人来说，大多数创业历险也是如此。

例如，在《指环王》的第一部，佛罗多和甘道夫会面并一起离开夏尔的计划完全出了岔子。佛罗多和山姆（皮平和梅里也加入了进来，他们都不在最初的计划之中）被黑骑士无情地追杀，而甘道夫则杳无踪影。如果不是有一个意想不到的同伴——漫游者的帮助，霍比特人可能永远不会到达他们在瑞文戴尔的第一个休息站。

后来，团队从瑞文戴尔出发时，他们计划从卡拉达拉斯的山口翻山，但冬季恶劣的天气和萨鲁曼的干涉使他们无法穿越，他们被迫沿着更“黑暗、危险的路线”穿越莫里亚的矿区。

当创业过程中出现问题

引用《指环王》中的场景来描述创业历险中可能发生的事，似乎有些奇怪。但有时，阐述一个观点最好的方式是使用共同的参照物，生动地展示这一观点。佛罗多旅程的两个方面，是两种可能出错方式的典型事例。我们在旅途中失去了原本希望与我们在一起的人，而一开始似乎很清晰的道路开始变得晦暗、危险，甚至可能无法通行。像佛罗多和他的历险家团队一样，我们被迫寻找另一条（也许更黑暗、更危险）的道路，充满了与我们最初预期不同的曲折。

我参与过的每一家创业公司中，最完美的计划通常都会出错，如果要圆满地走完这段旅程，就需要应变能力。通常情况下，创业计划出现可怕的失败的时候正是你推出自己产品的时候，你已经为之努力工作了好几个月。 有时（少数几次）产品比预期的要好，但大多数情况下，该产品的第一个版本并不像创始团队展示给投资者的那样乐观、那样受欢迎。这可能是因为产品本身，但更可能是因为接受程度所导致。结果是，在产品发布后的第三个月，你突然发现客户数量无法达到预期。

对于许多创业者来说，这是他们第一次感觉到创业的结果超出了他们的掌控。在那之前，他们很容易就找到了种子基金或构建产品。某种程度上，发布产品就像是在路上第一次遭遇对手，就像《指环王》中的黑骑士，或者《星球大战》中的帝国冲锋队。突然之间，创业历险变得更加危险，创业失败从可能变成现实！

陷阱概述

对于这一阶段，我采用了坎贝尔使用过的名字——“考验之路”，将深入探讨将产品成功推向市场，并在这“危险水域”中航行时所遇到的挑战。重要的是，你还要清醒地认识到什么时候是产品表现不够好，什么时候你需要改变策略。

这种情况常常发生，因此我们可以列出一串创业者对该产品为什么没有成功的抱怨。其中一个是产品很好，但他们的销售人员没有做好销售工作；另一个是团队要做的事，就是增添功能x（或功能y），由此，采用曲线就会发生变化。还有一些人将其归咎于将产品推向市场所花费的（或没有花的）投入（如果我们有更多的钱，我们就可以在营销上多投入，这会吸引更多的用户访问我们的产品或网站）。

但创业团队面临的潜在问题，往往比这些简单化的认知误区更为复杂。有时创业公司需要一种全新的商业模式：你可能有一个与卫生健康相关的产品，想出售给最终用户，但你发现美国食品药品监督管理局（FDA）的批准或保险支付方式使你的产品更适合推向医生。在其他时候，产品本身的研发生产也需要改变，包括紧缩、扩展或调整。有时，这种改变就发生在当你把从A市场学到的东西，应用到一个完全不同的B市场的时候！

很多时候，成功的创业公司从他们第一个产品在市场上的表现里学到了经验，然后或是深入研究，或是抛开这些经验，最终得到了成功的产品。就像《霍比特人》中的比尔博·巴金斯，如果不是在迷雾山的黑暗隧道里失去了矮人和巫师，那么他永远不会找到魔戒。你也一样，如果这条试炼之路上没有挑战，那么你可能永远也找不到能改变你的历险和推动你创业走向成功的事！

陷阱11
专注、专注、专注

这是我最喜欢的建议之一，它有助于解释本书中揭示的最有趣的秘密。

让我解释一下。

这个建议的核心展示了一个重要的事实：创业公司的创始人需要像激光一样专注于完成任务。回顾任何一家创业公司的成立过程，你会发现，在最初的一段时间内，创始人们不得不投入近乎超人的努力，才能让公司起步。

任何有过创业历程的人都会注意到，联合创始人、投资者、董事会成员、顾问、好心人，甚至远房亲戚，在其创业过程中，自始至终都会告诫他“专注、专注、专注”。

我自己也给过很多创业者这样的建议，尤其是当他们试图做太多事情的时候。当你深入挖掘并问自己——应该关注什么？还要多久？应该什么时候停止集中注意力？这时，重要的问题和争议就出现了。

这个建议建立在这样一个理念之上：作为一个创业者，你不应该分心。言下之意是，如果你遇到了一个障碍或另一个机会，你应该小心，不要在你“应该”做的事情上分心，而是要专注于公司的“愿景”。

问题是，许多成功的创业公司最终的落脚点不同于他们起步的领域。他们可能会在同一个市场或相邻的市场上做出不同的产品。有时候，真正的大机会就“潜伏”在附近，而抓住它的唯一障碍就是“你必须集中注意力”的观念。

在我看来，创业界的许多人过于关注愿景，而对在创业旅途中出现的机缘巧合和意想不到的机会所能起到的作用重视不够。真正的金子是由俯瞰群山的视野探索到的，坐井观天，发现不了金矿。当然，你要完成一件事，常常需要隧道般的狭窄视野来保持专注。与那些有资金同时推进几个项目的大公司不同，创业公司是建立在创始人自己血汗资本的基础上。作为一个创始团队，你有的只是那么多的时间和注意力。这些潜在冲突构成了这个建议的基础。

创业者需要凭直觉和逻辑行事

让我们从创业界一个非常著名的例子开始。当比尔·盖茨和保罗·艾伦创办微软时，他们的第一个产品是基于BASIC编程语言用于新兴的个人电脑的软件，这个软件首先用在Altair牌电脑上。他们在这方面取得了成功，后来像苹果这样的公司也来找他们，以获得BASIC编程语言。当我还是个孩子的时候，我用的是Applesoft BASIC语言——我不知道它只是微软BASIC的另一个名字。

在微软启动几年后，IBM找到它，询问微软的创始人，他们是否有操作系统可用在即将发布的IBM个人电脑上。这与微软正在做的距离有点远——事实上，他们是在与操作系统的开发人员合作，而不是与他们竞争。

此外，微软没有操作系统。他们甚至连操作系统的雏形都没有。然而，他们认识到，如果他们能够提供给IBM这项产品，那么在他们“演出的舞台旁”，就会有一个无与伦比的机会。

这是创业之旅中天降机缘的例子。微软的创始人立刻转过身来，以5万美元的价格从另一个开发者那里购买了操作系统QDOS，并把它变成了MS-DOS，这就是他们为IBM开发的操作系统的基础。就这样，微软后来成了一家价值数十亿美元的软件公司。

选择走这条道路对于微软来说是里程碑一样的决定，它为微软成为世界上（当时）最大、最有价值的软件公司奠定了基础。

我曾与许多风险资本家和顾问共事过，我知道他们中的许多人想要告诉微软，要“专注”于其核心能力——为计算机构建编程语言，而不是构建操作系统。因为操作系统将从他们的核心能力中分出大量的工作和资源。你可能会说，微软的创始人们决定摒弃专注、专注、专注的传统观念。也许他们做了件对的事情！

我并不是说大多数风险资本家会事后承认给出了这样的建议。如果他们给了比尔·盖茨、保罗·艾伦和史蒂夫·鲍尔默这样的建议，而这个团队却无视了这一建议，并取得了巨大的成功，那么这些风险投资还是会因为投资了一个具有如此商业敏锐性和远见的团队而受到赞扬！

事实是，创业者需要凭直觉和逻辑行事。你之所以开办一家创业公司，首先可能是因为你有预感，所以忽略了大多数创业公司充满风险与失败的传统观念，并决定按预感行事。有时，在创业旅途中，一个创业者会有一种预感，这基于一个意外的会议或意外的市场事件。而这种预感值得跟进，即使它可能被认为“偏离了焦点”。

脸书游戏中的虚拟货币

现在看看我自己的经历。我当时在帮助社交游戏支付公司Offerpal Media，这是一家在社交网络疯狂兴起的2007年创立的公司。当时，免费游戏是一种相当新的商业模式。没有人知道最终用户是否真的会在这些游戏中为虚拟商品或角色支付真金白银。

Offerpal最初是一个社交插件，它使用引导性销售（也就是lead generation，我们称之为推广任务，如注册网飞公司、购买杂志订阅，或者要求保险报价）作为让用户获得奖励的方式。这些奖励将由广告商支付。

最初，我们认为这些奖励应该是用户让他们朋友以他们的名义完成任务来获得的实物。每完成一项任务，用户都会得到现实生活中的奖励积分。这就是为什么这家公司最初被称为My OfferPal，在脸书和“我的空间”等社交网络上使用这个社交插件，是投资者入股的主要愿景。

然而，联合创始人米奇·刘领导的Offerpal创始团队有一个想法，即在新创建的社交游戏世界中，给用户虚拟货币作为奖励，而不是实物奖励。

我们不确定它是否可行。我们不知道用户是否愿意做一些事情，比如注册奈飞或者填写调查问卷，以换取游戏中的虚拟货币。事实上，我们的技术并没有真正面向游戏，这是B2C（企业对消费者）模式，而不是D2C（直接面向消费者）模式。

最后，我们不确定投资者是否会选择另一个方向（作为社交游戏的货币化提供商，而不是建立一个消费插件，这在当时是最热门的事），或者是否会向我们提出他们一直给创业者的相同建议：专注、专注、专注（他们可能会说，“你说你要做*x*，为什么不把重点放在*x*上呢？如果这不行，你再去探索别的东西”）。

我们决定做一个小型的臭鼬工厂项目，为此我们接触了一些刚露头角的脸书游戏制造商。其中一个叫Fluff Friends的公司，是由斯坦福大学的校友迈克·塞戈（Mike Sego）发起的。我在脸书上给他发了一条消息，看看他是否愿意讨论“为推广任务提供虚拟货币”的想法。

由于公司正在构建的D2C技术平台非常复杂（用Java构建，以获得工业级强度和可伸缩性），因此我们决定使用一个更早、更简单的原型，该原型用PHP（超文本预处理器）快速构建。我们很快就拼凑出了一个新的概念证明，展现这个新想法如何奖励虚拟货币，并把它展示给了Fluff Friends公司的创始人。迈克说，他愿意尝试一下，在游戏中免费给用户发放虚拟货币（作为完成任务的交换）。最终我们将在这个原型中构建的东西称为“积分墙”（offerwall），这是一个后来被行业采用的新术语。

简言之，我们在接下来的一周内要尽可能快速地实施积分墙项目，同时没有分散公司正在打造的“主要产品”的任何资源。

事实证明这个效果很好。每天的收入从零增长到数千美元。很快，该公司与脸书游戏领域的其他早期采用者签约，其中包括游戏开发商Presidio Media公司，这是由一位经验丰富的硅谷创业者马克·平卡斯所创建的公司。他还开发了一款扑克社交游戏。由于目前市场上还不清楚最终用户是否会为免费游戏中的虚拟筹码和虚拟商品支付真金白银，我们的积分墙就成了“替代支付”的标准形式——用户无须直接支付费用即可获得货币。Presidio Media公司增长速度非常快，后来成为著名的社交游戏公司Zynga，它有一款名为《开心农场》的热门游戏，通过积分墙，每个月都有数百万美元的销售收入。

这种虚拟货币的想法只是干道旁的一条小路。但我们由此启程，Offerpal公司的收入增长迅速，在几年内从零增长到几千万美元，这是我个人在创业公司中看到的最快的增长之一。尽管该公司后来出现了一些问题（不得不从脸书游戏过渡到手机游戏，并改名为泰普悦公司），但不可否认的是，创始团队发掘了一个从一开始并不明显的机会，他们把握住了，并取得了巨大成功。

创业模型6：井在哪里？钻多深？专注与探索

而这正是“专注、专注、专注”的传统观念被打破的地方。

让我们用一个（公认已经过时的）类比：假设你正在寻找石油，地貌看起来有点像图11-1。假设你得到了投资者的支持，开始在A点找油，这似乎是最佳的赌注，因为在这块你认为有石油的地方，最合理和最好的推测是你应该从A点开始挖掘（或钻探）。

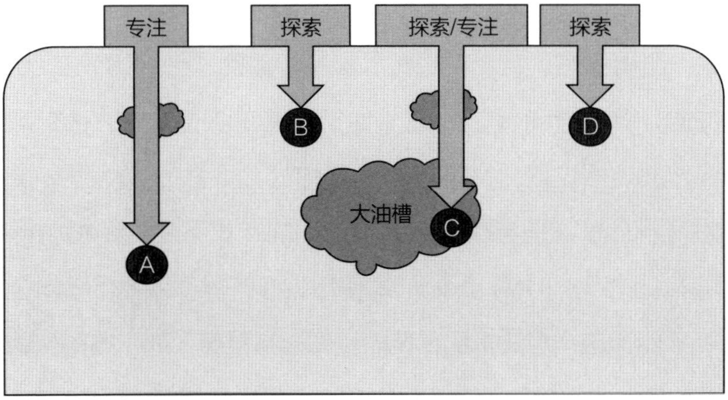

图11-1 专注与探索

假设你从A点开钻，并发现了一些石油，但你发现它很快就干涸了。

你该怎么办？如果你专注、专注、专注，你会继续在A点钻探。但更大的石油储备可能在B点或C点！你有机会检查B点，你应该去吗？或者你应该把你的资源只集中在A点吗？在那里你已经找到了一少部分石油。离得更远的C点呢？你有资源在那么远的地方开钻吗？

太多时候，通过采纳“专注”的建议，我们对其他可能性视而不见。虽然这个比喻有点简单化，我相信它会被接受。

如果你不在附近的其他地方钻探，那么你可能永远也找不到C点贮存的大量石油。

对于创业公司来说，这并不是一个精确的类比——当创业公司转向一个邻近的产品或市场时，这与在邻近的另一块土地上钻井并不完全是一回事。或许一个更好的类比是：如果C点的贮槽中是黄金、天然气或铂，而不是石油呢？现在你可以看到在创业历险中保持开放带来的各种机会！

案例：在社交网络中搜索黄金

另一个例子是，当贾德·瓦莱斯基和他的联合创始人在2008年创建数据分析公司Gnip公司时，他们希望专注于新兴的社交网络和以编程方式访问这些新兴网络中创建的公共数据的应用程序接口。他们的第一个想法是与社交网络（他们的专长不是为编程访问构建API）协商，使它们允许Gnip公司使用其服务器，并提供面向全世界的公共APIs。这个想法得到了风险投资人布拉德·菲尔德的资助。

第一年，他们接触了许多社交网络公司。经历12个月中的多次讨论，他们都无法让任何社交网络公司同意他们运行其APIs（并愿意为此支付费用）。

这是一个非常明确的信号，表明他们原来的计划行不通。但通过与社交网络讨论如何成为他们的APIs提供商，他们了解到很多企业可能希望访问用户在社交网络这一新媒体上创建的所有公共数据。灾难恢复组织尤其如此，他们可能想知道人们在社交媒体上发布了什么。

虽然他们第一年的专注并没有产生任何实质性的效果，但他们把注意力转向了另一个问题。这些希望访问所有社交媒体数据的企业，很难跟上大量社交网络及其各自提供的APIs（这些APIs不断变化）脚步。这是“我的空间”和脸书破壳而出成为领导者的时代，领英、推特、拼趣和其他公司则刚刚开始出现。

因此，他们坚定地认为“真金白银”就在附近，通过将注意力转向这些企业，他们创建了一个单一的API，所有这些公司都可以使用该API访问不同的社交网络数据库，而无须学习和维护每个社交网络的API。

他们发现公司不仅需要它，而且愿意为此付费！这当然是一个信号，表明你可能已经在创业中掘到了金矿。我总是告诉创业者，如果或者当一个客户或潜在客户说："你的东西很好，但我真正需要的，并且我现在就愿意付钱给你的，是x，你能提供吗？"之后你需要弄清楚是否还有其他客户需要同样的东西。

在这个例子中，Gnip团队再次开始了一段几乎极度专注的时期，并打造了一款产品，成为提供社交网络APIs的领头羊，最终在2014年以1.75亿美元的价格把产品卖给了推特。

另一个极端：杂而不精

好的，让我们看看另一个观点。如图11-1所示，有可能你在A、B、C和D点钻了很多井，却永远钻不到石油（或黄金、天然气），因为你钻得不够深。

这是一种变得过于"不专注"的危险，你从未探索到发现机会的足够深度，因而没能找到黄金，因为你一次做的事情太多——这有时被称为"杂而不精"（即一无所长）。

这在我和创业界的很多人身上都发生过，这说明了为什么创业建议总是掩盖着潜在的复杂性。例如，在我的第一家公司——头脑风暴技术公司，我们发现自己有一套产品是Lotus Notes的附加组件，还有建立在该技术上的咨询业务。另一项咨询业务是与该技术无关的大型固定价格政府项目。有着两种完全不同的业务，我们可能在每一项任务上都要进行太多探索。

当一家创业公司做了太多的事情时，就很难把所有的事情都做到同等的水平。而质量/深度实际上是创业公司区别于大公司的最重要特征之一。在同一时段，一个由杰出头脑组成的、激光般专注的小团队所能完成的工作，比那些为巨头工作、由平庸的头脑组成的大团队所能完成的工作要多得多。

专注于特定市场

有时，专注是深耕某一特定的垂直市场的问题。在Play Labs加速器，我们有一家创业公司正在销售一个用于构建全景VR视频体验的通用平台。他们向“每个”想要制作全景视频的人销售产品，并且其产品已经在市场上有几百个客户。他们的技术可能有很多不同的使用方式，我鼓励他们从中寻找一个可能会成为其技术“杀手级应用”的 “使用案例”样板。他们非常成功地向各种教育机构和公司售出了产品。而这些机构和公司将产品用于各种不同的应用场景，包括教育培训体验、交互式营销手册和其他市场。

在这种情况下，公司需要把重点放在展示最佳产品和市场适配性的使用案例上，这实际上就是建立教育和培训体验。因此，他们决定专注于此，并且教育培训本身就是一个重要的市场。通过这样做，公司能够专注于为这个市场构建对其他用户案例可能不那么重要的功能。虽然这个市场并不适合所有人，但他们能够将重点放在对这个市场感兴趣的投资者身上。

决定是否横向开发一个产品，或是关注一个或多个产品并不是一件容易的事，但它可能是一个创业公司成败的关键因素。与其他建议一样，没有简单的答案，必须根据具体情况来回答。

创业成功的秘密11

专注、探索、专注！

这里真正的秘密是，创业团队需要在探索期和极度专注期之间交替轮换，时刻关注附近的机会。

探索阶段被用来寻找最佳的专注点。专注通常意味着你有一个正确的战略计划，你已经找到了石油（或黄金），并且需要集中精力把它从地下挖掘出来。当成功只关乎你执行力的问题时，那就是专注的时刻。

但即使这样也比现实更简单。你不能只是说，“好吧，我们的第一个产品不行，现在我们需要转型”。事实上，即使在你开始专注的那一刻，你也需要注意来自市场、客户和合作伙伴的信号和线索。当你决定集中精力时，你应该已经通过与市场的互动收集到了邻近市场机会的数据。

事情的真相是，虽然许多人会给你如何、何时转型的建议，但这个神秘的过程更多是一门艺术，而不是一门科学。有时转型是为了专注，而另一些时候则是为了探索。我们将在“陷阱14：快速失败，就快速转身”中讨论更多转型的方法，并确保覆盖合适的领域。

很多创业公司都是从一个永远不会非常成功的计划或产品开始的。当然，你一开始并不知道这一点，但重要的是要能够清楚地看到你目前的产品或市场重点进展如何。

这是创业公司所独有的，可能不适用于其他类型的小企业，因为创业公司市场的发展速度很快。当然，知道何时专注、何时探索，与其说是一门科学，不如说是一门艺术，但这往往是推动一家原本平庸的创业公司快速成长走向成功的关键因素。

杰夫·博斯甘（Jeff Bussgang）论产品/市场匹配阶段：从丛林到高速公路

飞桥资本合伙人公司（Flybridge Capital Partners）的普通合伙人兼联合创始人、哈佛商学院教授杰夫·博斯甘，对创业公司在发现产品/市场匹配性时所处的阶段给出了以下比喻。

杰夫在他的书《进入创业之地》（*Entering StartUpLand*）中用筑路的比喻来描述一家公司如何从最初寻找产品/市场匹配度，发展成为一家定义明确、拥有大量客户、正试图扩大规模的公司。

丛林：在杰夫描述的丛林阶段，创始人正在一片原始丛林中挥刀猛砍。早期阶段的创业公司通常都有这样的感觉——丛林中存在着原始的机会，但在茂密的丛林中开辟通道需要大量的砍伐。杰夫认为，现阶段加入创业公司的人的属于“风险承担者和探索者”，创业公司的座右铭仍然是“打造它”！

泥泞路：在泥泞道路阶段，有一些产品/市场匹配的假象。这通常意味着你已经拥有了最初的几个客户，而且至少有一条路可以通向不断向更多的客户销售产品，并将自己定义为这个细分市场的领导者的方向。机会虽然不大，但你开始找到一个可重复的商业模式。在这个阶段，创业公司的座右铭是“卖掉它”！

高速公路：在高速公路阶段，你已经确定并证明了一个可重复的业务模型。城市也一样，他们在那里修建高速公路，那里有统计过的交通流量，需要畅通的交通和基础设施来维持通行。杰夫说，在这个阶段加入的人往往是能够“优化”和提升的人。这个阶段创业公司的座右铭是“扩大规模”。

许多创业公司在丛林阶段或泥泞道路阶段迷失了方向。那些成功进入高速路阶段的公司被公认为是成功的创业公司，在此路上的标志是他们正在成为上市公司。我们知道，像谷歌、脸书和爱彼迎这样非常成功的创业公司，已经不再是创业公司，它们已经超越了高速公路阶段，现在已经是规模价值达数十亿美元的公司。

陷阱12

我的产品失败了，是因为我的销售人员很差劲

本建议涉及这一场景的原因是我在科技创业公司中一再看到这样一种现象：产品不受欢迎。

也许不能说完全“不受欢迎”，大多数创业公司都能让一两个测试版客户试用他们的产品，但通常是通过向创始人的朋友施压来使用产品。有时，这些朋友中的一个变成了付费客户，尽管是有折扣的。但是并没有扩展到最初的客户之外，所以这是“受欢迎程度最低”的情况。

这个建议适用于那些拥有销售队伍的创业公司，代表性的是B2B（企业对企业）类型的公司。对于直接面向消费者的公司，产品是应用程序，或者只是一个网站，请看相应的“陷阱13：如果我们能在营销上投入更多就好了”。

对于B2B公司来说，情况通常是这样的：公司已经完成了一个产品，经历了一个测试周期，甚至聘用了一个“有经验的销售员”做销售，但是产品无法获得很大销量。销售人员无法完成更多的业务，结果远远低于创始人的乐观预期。

在这一点上，创始人（通常是技术人员或“产品”人员）说这是销售人员的错，销售人员通常会说，这是产品的错——技术团队只需添加“功能x”，那么肯定能与“客户y”成交。

那么，到底是谁的错？创始人，产品团队，还是销售主管？

可能是一些因素的组合使产品无法受到欢迎。很有可能是销售人员不太擅长销售，也有可能是产品还没有为黄金时段做好准备。然而，更可能

是，产品并不能完全满足市场的要求，因此根本的问题是产品与市场无法完全匹配。

谁负责俘获客户

这个讨论回避了一个问题：谁才是真正负责俘获客户的人，是销售副总裁，是创始人，是产品经理，还是第一销售代表？

大多数B2B创业公司的创始人都有足够的人脉，可以在目标市场上获得一到两个客户（否则他们应该不会在该市场上创办B2B创业公司）。这意味着如果创始人自己不能牢牢抓住最初的几个客户，创始人就不应该抱怨销售人员不能牢牢抓住其他客户。

如果一个创业者——一个对产品/市场了解得足够多的人，辞去了工作，创办了一家公司，都不能说服至少前两个客户购买该产品，那么我们怎么能指望一个销售人员（对产品和市场了解得少得多）做到这一点呢？

我不是说销售人员不能销售新产品，我是说他们对产品的理解不如创始人，他们通常负责鉴别产品是否能够解决客户的问题、痛点，满足客户的需求或符合某种趋势。

如果公司没有得到最初的几个客户，那么很可能是创始人的错，而不是销售人员的错（至少最初不是）。

当古林德·桑加创办Intelligize公司时，他非常了解律师们所面临的问题。Intelligize公司是一家为证券律师成功开发SaaS（软件即服务）应用程序的创业公司。古林德自己也当过证券律师，因此，他有机会经常与这一领域的律师见面，并向他们展示该产品将如何为其服务。事实上，他自己向许多第一批客户销售了该产品，在这之后，又聘请了销售代表和一位销售负责人，Intelligize公司由此不断发展。作为创始人，他仍然是公司将产品销售给律师事务所的最佳资源，因为他与律师们有共同语言。

一旦一家创业公司获得了最初几个（正当的）客户，那么至少有市场接受了该产品，一个好的销售人员应该能够利用这一成功纪录，让更多的客户尝试。

判断销售人员差劲的两种方法

产品销售几次之后（对真正的客户，即创始人朋友之外的人），就应该由第一销售人员（不管头衔是销售副总裁、业务开发副总裁，还是简单的销售代表）来决定如何扩大销售规模。

一个好的销售人员通常有能力把一些可售产品或服务展示给目标客户中那些合适的人，并引导他们购买。这一过程包括了解产品与客户之间的契合度，以及不承诺产品做不到的事情。好的推销员不是魔术师。

一个差劲的销售人员通常擅长展示渠道，虽然可能口才很好，但因为通常不够努力，或者因为没有覆盖客户的所有基础需求，所以无法保持销售的持续增长。

如果你的产品卖得不够好，有两个特征可以说明你的销售人员是否真的很差劲，而这都与他们向你展示的渠道有关。如果你是投资者或董事会成员，而向你展示渠道的人是创业者（CEO，而不是销售副总裁），这一点也适用。

特征是：永不改变的渠道和不断变化的渠道。对于一家试图达到一系列预期的创业公司来说，这两者同样都是灾难性的，只有通过查看销售渠道并将其与前几个月或季度的销售渠道进行比较，才能辨别出这两者。

永不改变的渠道

这很容易发现。一个月来，这条渠道显示出一系列美好的前景，其中一些前景“几乎实现了”，但客户还没有在合同上签字。接下来的一个月（或一个季度，取决于你的销售周期），渠道看起来完全一样，客户都是“即将成交”！或者是增加了少量的新渠道。这会带来灾难性的后果，因为公司总是等待那个“大客户”成交，而他们从未在合同上签字！

这里需要注意的是，如果你的销售周期很长，你可能需要3个月或更长的时间才能发现销售人员有没有正确地在渠道中推进工作。在此长周期下，很难通过每月的记录做出判断——也许销售人员做得很好，但长周期下的工作成效不能立竿见影。然而，即使是那些销售周期长的公司，如果3个月后销售渠道仍然没有发生任何变化，那也可能是出了问题，或者销售人员可能无法从潜在客户那里获得准确的信息。

不断变化的渠道

乍一看，这个渠道似乎很健康：每笔交易都处于不同的阶段——有些处于早期，有些快要有结果，也许有一两笔接近“口头”成交或“即将成交”。你看看下个月（或季度）的渠道，它看起来也是健康的，又有一两个客户即将成交。唯一的问题是，他们与上个月的潜在客户完全不同。当你问x或y上个月发生了什么时，销售人员解释了他们从销售渠道中消失的一些合乎逻辑的原因。然后，下个月（或季度）你再查看渠道，又有一组完全不同的公司“即将成交”，你的“热门前景”再次从上个月全面跌落，没有任何解释。当然，你会有一些潜在的客户因为正当的原因（预算不足、缺少拥趸或赞助者等）而放弃，但当它发生在每个“即将成交”的潜在客户身上时，那就肯定是出了问题。

产品/市场契合度：当心销售与产品不匹配

当你处于“最不受欢迎”的状态时，你应该怎么做？你需要快速判断是销售人员的错，是创始人的错，还是产品的错。

你如何确定产品无法满足市场的需求？答案似乎很明显，通常是因为销售与产品不匹配。

有时，销售人员会在与一些潜在客户交谈后声称，如果产品具有功能x，那么他就可以购买。

然后，产品人员开始增添功能x，可那时候，潜在客户已经丢失了。然后，失职的销售人员会提出另一组技术问题或功能，但这些问题或功能目前还不具备，这使得销售变得很困难，此类问题不一而足。

虽然最初的要求可能会暴露出产品的一些缺陷，但这显然是销售人员能力的问题，而不是产品需要推倒重来。销售和产品开发之间存在着一种天然的紧张关系，这种关系是健康的，但它能很快变得不健康。

在销售过程中，如果在使用产品之前就向客户展示他真正需要的功能，那么一个好的销售人员应该能够与潜在客户建立足够密切的关系，让客户作为早期测试人员参与该功能的开发，并在产品具备该功能后，客户就承诺购买该产品。

如果他们不能做到这一点，或者你的创业公司不止一次经历了这个周期，即销售人员承诺添加一个功能，产品就能销售出去，而这个功能被添加了，但这些承诺的销售却没能达成，然后销售人员又要求添加一个不同的功能，那么这不是销售人员严重失职，就是产品与市场不匹配。

超越最初的几个客户

Y Combinator加速器的传奇人物保罗·格雷厄姆认为，创业公司的创始人必须为一些事情制定框架。特别是与最初的几位客户交谈时，创始人必须找到一种不仅能获得这些客户，而且要确保他们高兴的方法，而不是依靠销售人员来做到这一点。

一旦这项工作完成，就该建立适当的销售团队（包括市场营销。这一点我们将在下一个建议中讨论）来扩大产品销售了。这正是销售人员要做的——他们会选择一款适合市场的畅销产品，并将其推广给许多其他客户。

在社交网络公司Offerpal公司，我们的收入在几年内迅速增长。在进行扩张之前，公司创始人必须明确向社交游戏开发商“推销方案”，并确保其可行。完成后，我们将推广工作交给销售人员，然后销售人员再向更多游戏开发者推销，这会导致销售规模迅速扩大。正是因为我们知道这个推销方案对一些游戏开发者有效，所以我们才会将其交给销售人员。

后来，脸书游戏广告市场发生了变化，Offerpal公司再也无法向脸书游戏开发商销售该特定产品。那一刻，是时候寻找一种不同的产品了，所以通过收购泰普悦公司，公司转而开始为移动应用程序开发商做广告。泰普悦公司之所以如此吸引人，是因为该公司的创始人已经找到了适合手机游戏开发商的产品和市场，而且他们的规模正在扩展。收购完成后，Offerpal更名为泰普悦并采用新的移动产品，利用原泰普悦公司现有的销售和营销团队，以比原泰普悦团队更快的速度扩展业务。

这就是一个好的销售团队所能做的：扩展一个已被证明能在小范围内满足某个细分市场需求的产品。

创业成功的秘密12

创始人的工作是确保产品与市场相契合，即产品“可销售”；销售人员的工作是通过建立一个不断进步的渠道来扩大销售规模。

这个建议背后的秘密其实是关于了解一个产品为什么卖不出去。虽然目标不是推卸责任，但如果你想摆脱“最小受欢迎度”的情况，判断至关重要。原因通常是产品（通常与创造人有关）和销售部门与市场需求结合在一起的某种组合。

不同于在完善的组织机构中，你可以通过查看销售数据轻松区分一个有效的销售人员和一个无效的销售人员，在创业公司中，尤其是在早期，你必须看得更深入。

即使是一个差劲的销售人员也能销售出符合市场需求的优秀产品；一个好的销售人员也不可能卖出不符合客户需求的产品，但也许他们可以找出产品缺失的一些潜在功能，并让客户在此基础上承诺购买。

如果你是一个创始人，你必须自己向最初的几个客户销售产品。如果连你都卖不出去，你怎么能指望一个比你更不了解市场和产品的销售人员成功呢？

然而，指责销售人员，而不是自己率先销售产品，是许多创业者最终会做的事情。因此，有了这句常见的抱怨：“我的销售人员糟透了！”

一旦你把产品卖给了一些客户，他们就成为有价值的参考对象，那么销售人员将产品卖给同一市场潜在客户时就会容易得多。如果他们做不到，或者你察觉“不断改变”或“永不改变”的渠道陷阱，那么就该整改你的销售部门了。

陷阱13

如果我们能在营销上投入更多就好了

陷阱12的推论：**我的产品失败了，是因为我的销售人员很差劲。**这句话在直接面向消费者的创业公司界，就相当于一个创始人举起双手（对员工、投资者、董事会成员）宣布他们根本没有足够的钱对产品进行市场营销。

几乎我见过的每一位失败的创业公司创始人都会告诉你，如果他们有更多的钱用于营销，他们的产品/网站/应用程序就会更成功。

真的如此吗？在某种程度上，是的。创业公司在获取用户上投入更多的钱，那么这家创业公司的网站/产品/应用程序就可能获得更多的用户。更多的用户意味着更多的销售，成功的机会也会增加。但是，与本书中的大多数建议一样，如果你听到这个借口，你就必须认真地、深入地去了解为什么以消费者为导向的产品或服务不流行的原因。仅仅花很多的钱并不能保证成功。事实上，它往往掩盖了产品的潜在问题，特别是当市场进入生命周期的后期时。

昂贵的手机游戏世界

当手机游戏行业开始成熟时，我经常看到这种情况：很多在2009年和2010年（甚至2011年）进入游戏行业的创业者发现，适当的投入就能让自己的游戏受到关注，但到了2012年，手机游戏营销已经成为一个昂贵的课题。

从2013年开始，如果你在一流的广告网络投放了游戏广告，你需要为每个新用户花费2～5美元，但即使最好的游戏在第二天也会失去一半的用户。这意味着每一个玩游戏超过一天的用户的成本会是CPI（每次安装收费）价格的两倍（第二天的现有用户要投入每人4～10美元）。

由于最成功的游戏拥有数百万玩家，这意味着通过付费营销推广（这是获得用户最流行的方式）来获得这些用户，就需要投入200万～1000万美元，甚至更多！

目前生产手机游戏的上万家创业公司中，大多数都没有这么多资金。即使你考虑一对一的病毒式/有机比率式（即每个玩游戏的付费用户告诉一个朋友）推广，并将数字削减一半——100万～500万美元——这个数字对大多创业公司来说仍然是令人望而却步的。

如你所料，许多小型手机游戏开发商在2013年年底开始倒闭，这种趋势在接下来的几年里一直持续。我开始听到许多手机游戏开发商说："如果我们有更多的钱，我的游戏就会成功。"这类似于在互联网时代，许多面向消费者的创业公司所说的——我们没有钱让访问者访问我们的网站。

回到创业市场的生命周期，市场开始从超热阶段进入迈向成熟阶段。虽然移动游戏领域的一些大热门游戏（以总收入衡量）还没有出现，但这个市场已经不再容易渗透，与过去相比，新创业公司的市场机会受到了严格限制。

正如我在前面所述，这个建议有一些道理。如果游戏公司花了更多的营销资金，他们肯定会得到更多的用户——这无可争辩。但这些用户是否会坚守很长一段时间，或转化成能为公司带来盈利的用户，这是完全不同的问题。这才是决定了更多的资金是有助于创业公司的成功，还是只是推迟了其失败的真正因素。

要理解这些因素，你必须了解一些数字。

创业公司可以从大公司处学到什么：ROI、LTV和CAC

大多数创业公司的创始人都有这样的刻板印象：大公司浪费，效率低下，缺乏远见、主动性和冒险精神。这些在大公司中的具体表现是，他们总是在投入之前先寻求投资回报率（ROI）。这就是为什么在大公司工作会让创业者感到沮丧，他们往往依靠洞察力和直觉来行动。

创业公司很少担心投资回报率，这通常是以下原因造成的：一是他们没有多少资金，所以他们没有钱投资项目；二是他们有相当大的预算（通常从风险投资人处募集），但他们专注于获得“用户”和“规模”，而不是“利润”，所以，他们认为计算投资回报率毫无意义。

事实上，我在商学院经常听到的一句话是“我们得到的客户越多，网络效应就越大，由此我们将处于优势地位，并从中获得巨大的回报”。当然，亚马逊、脸书、推特和易贝（eBay）等公司就是例子，它们在建立庞大的用户基础时，许多年来一直没有赢利。

虽然这有一定的道理，但通过观察手机游戏创业公司，我发现大公司并不像我和大多数创业公司创始人想象得那样愚蠢。如果你深入调查失败的大多数手机游戏创业公司，你会发现，这些游戏中的大多数都无法收回他们在获取用户上所投入的成本。投资回报率基本为负。最简单的计算方法是使用两个指标——客户的生命周期价值（LTV）和用户获取成本（CAC）。如果LTV小于CAC，那么营销所花费资金的ROI基本上是负值；如果LTV大于CAC，那么就值得在营销上投资，因为，用户最终将成为能创造盈利的客户（即使他们偶尔不在线）。

现在，并不是要从以前创建或发布的游戏中拿走任何东西——它们中的许多都是非常棒的游戏，它们很有趣，有些有很有趣的画面，有让人着迷的剧本，但他们赚的钱比他们在市场上的投入要少。当然，这与创业市场的生命周期有着千丝万缕的联系，因为市场已经变得拥挤和昂贵，而这些公司中有许多可能已经赢利，并且在一两年前就以数万（或数亿）美元的价格出售了。

一些游戏是病毒式营销的（注：传播式营销），能够免费获得大量用户，这降低了他们的有效安装成本（eCPI），这对于手机游戏来说与CAC是一样的。这些游戏还是要花费营销费用的，因为他们是靠先付费获得用户，再通过每个付费留存的用户获得一定数量的免费用户，但这降低了有效的CAC。越实行病毒式营销，获得客户的成本就越低，LTV>CAC的可能性就越大。

这不仅适用于游戏，而且适用于各种移动应用程序。我曾和社交应用软件公司Discord公司的创始人杰森·吉特隆（Jason Gitron）共进午餐，他的第一款游戏《愤怒的命运》并没有产生那种证明他们能够建立一个大的、赢利的业务指标（我们将在下一个建议中更多地谈论Discord公司）。不过，他们决定为游戏玩家发布一款聊天应用程序，它每月会带来数十万新增用户。当我问他们在这些用户身上花了多少钱时，答案是什么都没花。最初的用户群会把产品介绍给他们的朋友，受到鼓舞的用户如染上病毒一般选择加入。尽管Discord公司没有赢利（并且在很多年内也不会），但CAC基本上为零，这意味着许多投资者都会关注它，并意识到它有朝一日会成为赢利的企业。

传统的实物产品企业通过改变价格来解决这个问题。如果生产一个小装置要花两美元，为它找到一个客户要花1美元，那么售价至少要3美元，对吗？你可以用同样的逻辑来制定一辆汽车的价格，包括它的零部件、运输、管理成本，一直到经销商在零售汽车时赚取的利润。

不幸的是，当你的产品可以免费使用时——许多免费游戏都是如此——这样计算毫无意义。你可以让游戏中的东西（通常是用户通过虚拟货币和应用内购买获得的）变得更昂贵，但这样你的付费客户可能会比以前少。

在实现网络效应之前，你需要关注的指标

有很多例子表明网络效应确实很重要。易贝就是其中之一——签约该系统的买家和卖家的数量至关重要。如果你想在易贝上出售你的产品，那肯定也会有人在那里购买它。同样，在脸书这样的社交网络上，网络上的人数越多，网络中有用的人也随之增加。在某些情况下，使用聊天应用程序的用户，会将自己的朋友和家人也带到该应用程序上。

一家像脸书这样的公司可能会在数年内不赢利，然后在某个时候，他们可以向数百万用户发布广告，并开始从中获利数十亿美元。

不幸的是，在创业公司之地，虽然现在每个创业公司都声称自己像脸书，但每个公司都不是脸书。问题是，对于其中的每一个例子，都有更多的例子提出了相同的论点，却从来没有实现。网络效应最重要的不只是用户数量，还包括用户密集度。

这说明如果一个产品暂时不赚钱，这并不妨碍它成功，但正如我们所表明的，单位经济效益在某个时候确实很重要，尤其是当市场进入迈向成熟阶段时。特别是，获得新客户的成本至关重要——如果你的产品是免费获得了“数以吨计”的新客户（仅通过口碑等），那么这是一个很好的迹象，你有这样的指标，它最终也将使你的创业公司取得财务上的成功！

大多数花光了钱的手机游戏制造商都没有足够的资金进行营销，他们无法使某些人（投资者、发行人等）确信他们的游戏运营得足够好，最终会赢利。

这就是为什么初始指标如此关键。一家游戏公司的创始人告诉我，他的LTV（生命周期价值）等于一美元，他可以用略低于一美元的价格获得用户。如果忽略营销之外还有其他成本这一事实，这可能是一种你至少可以在伪赢利下获得用户的情况。然后我问他规模有多大，他告诉我他每天购买的用户很少——只有几百个。

我告诉他，如果他得到了他想要的更多的营销资金，他就不会再坚持每天只购买数百个用户。他每天要购入的用户，没有上万，也将有几千。问题是，随着他开始增加销量，衡量标准也发生了变化。

LTV（生命周期价值）下降，CAC（客户获取成本）上升。这在手机游戏中并不少见。所以现在他的LTV差不多是70美分（在苹果分走了30%之后），而获得一个用户的成本远远超过1.5美元，而且成本还在上升。

网络效应与密集度

如果网络效应真的存在，你就应该能够用一些小的方式来展示它们，并表明有更多的钱可以让它们扩大规模。脸书用不可思议的用户密集度做到了这一点——它被引入大学校园里，用户像野火一样蔓延（在那些日子里，通过口碑传播的用户购买成本几乎为零），大多数人注册是因为他们的朋友都注册了。当他们毕业并成为现实世界中的年轻专业人士时，他们仍然不断把他们的朋友邀请成为注册用户，这最终使脸书能够在更多的人群中传播开来。

你可以看看领英，即使用户数量很小（比如说不到5万），它的密集度也令人难以置信。我是最早的5万用户之一，它的密集度集中在一个行业——高科技。我加入领英是因为我认识的其他计算机程序员也加入了。

密集度是一种可以显示网络效果是如何真正实现的指标。有些合规企业的网络效应很重要。此外，当你有密集度时，你的用户获取成本会下降。为什么？因为人们在“密集”的市场里互相交谈，你可以免费获得更多的顾客。如果你为一个客户支付了4美元，但该客户有3个朋友免费注册了你的产品或服务，那么你的有效CAC实际上是每个用户1美元，而不是4美元。通过一个免费增值的产品，获得1美元的生命周期价值要比获得4美元的生命周期价值容易得多。

在前面社交应用软件公司Discord公司的例子中，密集度来自游戏玩家，他们希望有一个可靠的语音聊天应用程序，供他们在玩其他游戏时使用。如果你在一个用户组中有某种程度的密集度，你的CAC应该像Discord公司那样，降低很多，因为现有用户会将新用户领进来。

Life360的网络效应

在本书中，我们经常提到的例子之一是Life360，它是一款帮助家庭成员沟通的智能手机应用程序。这家公司几年来一直没有显著地扩大规模，而是专注于构建良好的用户体验。但Life360不是典型的创业公司。投资者之所以坚持与之同行，是因为虽然它存在一定的障碍，却只是暂时的——一开始大多数家庭只有一部智能手机，其他家庭成员要么只有一部功能机，要么根本没有手机。到2010年年底及之后，当多数家庭成员开始拥有智能手机时——尤其是更便宜的安卓设备——该公司真正开始腾飞，并开始展现其超越家庭范围的网络效应。

不同的是，Life360公司有能力说服投资者将资金投向他们的愿景，因为他们能够展示按此路前行所到达的广阔天地。最终，Life360成为有史以来下载量最大的应用之一，下载量达数亿次。他们的愿景获得了回报，因为扩大规模需要时间是符合逻辑的，而且当所有家庭成员都拥有智能手机时，就会产生切实的网络效应。

失败的Sift Shopping公司

我们来看另一家移动购物公司：Sift Shopping公司。与Life360一样，其效益在第一年就呈温和增长。

创始人索林·沙赫说，他有大约六七万名注册用户，而他们的竞争对手之一有200万～300万的用户——这在规模上是有明显区别的。

索林·沙赫说："他们的口碑系数可能比我们好，但这不仅是口碑，也是一笔可观的营销支出。"

和许多创始人一样，索林·沙赫无法说服他的投资者投入必要的资金，将购物应用扩大到与其竞争对手相同的规模。索林和他的投资者都指望内部增长，但这种情况从未发生过。但是，内部增长和投资，哪个在先？回到"陷阱5：两个人和一项事业要比两个人与一个计划好"，最有可能的是，没有数字指标能让投资者确信应该投入更多资金。

投资者希望看到更好的内部增长，否则追赶竞争对手所花费的资金成本太过高昂。

最终，索林和他的董事会决定将公司从消费者应用程序上撤出，因为他们没有有说服力的数据来说服现有或新的投资者投入所需的巨额营销预算。

投入营销的预算应该是多少

记得当我们把手机游戏公司卖给日本游戏巨头DeNA时，我问新老板他们可以在游戏上花费的营销预算是多少，我新老板的答复是"无限"。

我觉得这很荒谬——我们怎么可能有无限多的营销预算呢？

他的解释是，只要LTV>CAC（即客户生命周期价值大于获取客户成本），我们就可以继续花钱。一旦LTV<CAC，我们就必须停止。

作为早期的创业公司，我们并没有如此密切地了解这些事情，所以我们不知道应该花多少钱。这件事创业公司可以向大公司学习——如何衡量单位经济效益，以及如何让投入在用户获取上的钱产生利润。

在手机游戏界，这家上市公司将LTV判定为一组用户在游戏安装后60天内的消费。所以如果一天有10000个用户，他们会把这些用户在前60天的所有消费加起来，然后除以10000。如果他们消费了10000美元，那么LTV就是1美元。不同业务使用不同的时间段，但大多数免费增值模型都有一个类似的模型，即将一组用户产生的总收入除以用户总数（包括不支付任何费用的用户和支付费用用户子集）。

对于SaaS（软件即服务）和B2B业务，LTV是不同的——你必须选择一个合理的时间段——比如12个月或24个月，然后将用户收入相加，你获得客户的成本也会有所不同——包括销售人员的工资等。

创业工具3：LTV和CAC的计算

表13-1、表13-2可以帮助你计算CAC和LTV。你必须选择两个时间段——你的营销活动时间段（以天为单位），然后衡量你在营销活动中获得的所有用户产生的收入。这对于免费增值网站尤其有用。在活动中，一些用户是免费获得的，一些是付费获得的。如果你的网站或应用有免费或付费用户模式，你也可以使用它。

表13-1　日期信息统计表

基本的日期信息		
活动开始日期：	________（a）	你的营销支出开始的日期。 示例：4月1日
活动结束日期：	________（b）	你的营销支出结束的日期（用于此次统计）。 示例：4月5日
活动天数：	________（c）	如果以天为单位，则为（b）-（a）。 示例：4天
总生命周期：	________（c）	衡量收入的时间段。 示例：60天、90天或1年

表13-2　用户计算统计表

用户计算工作表		
总支出	________（1）	在此期间花费的总金额。 示例：10000美元
付费用户总数	________（2）	直接通过营销支出获得的用户。 示例：2000
新用户总数	________（3）	在活动期间获得的新用户总数。 示例：5000
自然增长用户数：	________（4）	按（3）-（2）计算 示例：5000-2000=3000
CAC（已付）	________（5）	这是获取付费用户客户的成本。将（1）除以（2）。 示例：10000美元/2000=每个用户5美元
CAC（有效）	________（6）	这是你真正的CAC，或有效的CAC。 将（1）除以（3）。 示例：10000美元/5000=每个用户2美元
群组总收入	________（7）	这是（3）中的用户在统计期间产生的总收入。 示例：3000个用户产生收入15000美元
LTV	________（8）	从每个客户那里获得多少钱。将（7）除以（3）。 示例：15000美元/5000 =每个用户3美元 每个客户的生命周期价值
赢利能力计算器	________（9）	取（8）-（6） 示例：3美元-2美元=获取1个用户可获得1美元的利润

最后，LTV（8）应该大于CAC（6），这样你获得用户的过程就是赢利的。赢利多少取决于营销支出以外的因素。

创业成功的秘密13

不要只看你在营销上花了多少钱，看看LTV和CAC数据。如果你不能说服投资者投入更多的钱用于营销支出，那么你的指标可能存在问题。

这个建议背后核心是，你的产品没有获得你想要的那么多用户，因为你没有花足够的钱进行营销。

原因很可能是你没有足够的钱来做营销。这意味着，要么你找到一个花费较低的方式来营销你的产品，要么你必须说服别人投入足够多的资金按你想要的方式进行营销，直到你的产品确实已经产生网络效应。

如果说服别人投资这一点没能实现，这揭示了产品可能无效的真正原因，即没有能够说服某人投入资金进行产品营销的指标（即投资回报率ROI）。这种情况发生有很多原因，但最终，通常可以归结为未能达到承诺的指标、缺乏可扩大规模指标，以及产生的单位经济效益差。

虽然有一些公司具有真正的网络效应，投资者愿意为其提供资金，直到网络效应变得足够大并具有真正的防御能力。但网络效应应该表现出用户获取成本降低（因为网络中的人会吸引其他用户），而且，大多数投资者会要求你计算投资回报率。如果你能保证投资回报率，通常他们愿意为你提供所需要的资金。

这也不全是坏事——它可以迫使你找到一个不同的方式来获得客户，而不是简单地在营销上砸钱。由于特定人群的密集度的关系，最成功和占据主导地位的产品在早期的CAC为零。然而，那些天生具有传染性或者口碑很好的产品却很少。如果你能证明你的产品就是其中之一，那么你的产品形象就会高大起来。这一建议背后隐藏的秘密将迫使创业公司将产品推向市场的方式变得更有创意。

陷阱14

快速失败，就快速转身

作为对“专注、专注、专注”这一传统建议的补充，我们看另一条在创业之地经常被提及的建议——“快速失败，就快速转身”。

“转身”一词在创业界已经极为流行。我们现在把它理解为转向或转型可能更为贴切。在前几个建议中，我们看到当最初的产品未能达到预期时，转向是多么有必要。在这个建议中，我们将探讨“你应该如何转向”“有时你根本不应该转”！

硅谷和其他地方的传统观念是，你应该“快速失败”，这样你就可以转到更有潜力的事情上，来做“下一件大事”。你真的应该在一个产品做得不好的时候放弃它而转去做些别的事情吗？或者你应该坚持你最初的愿景，直到你能找到目前产品所具有的价值吗？

在这个建议和关于转型讨论的背后是机会成本——也就是说，如果我花这么多时间做别的事情，我会取得怎样的成功？这适用于创业公司的产品，也适用于你自己作为一家创业公司创始人的时间：如果你觉得你的创业公司做得不尽如人意，你应该离开去做另一家创业公司吗？这将如何影响你的联合创始人，你的投资者？它是否会影响你的心理和财务健康状况？（更多有关压力的问题，我们将在“第六阶段 地狱与归来：创业生死的陷阱”中讨论）。

创业模型7：转型四象限

让我们来讨论一下公司如何以及向哪里（形象地说）转型。

为了探索创业公司如何转型，让我们回到四象限结构中，看一个理论模型，这就是我们要考察的转型四象限（图14-1）。像所有这类的模型一样，它由两个不同的轴交叉组成：市场和产品。

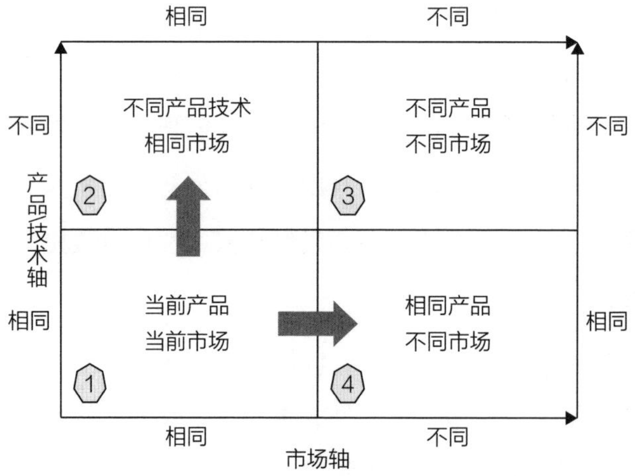

图14-1 转型四象限

- **轴1：市场。**此轴只显示你当前所在的市场。该轴右半部分显示了它向邻近市场的扩张。当然，如同四象限模型中的大多数轴一样，市场轴可以用许多不同的方式来定义，因此这更像是一个“理论”或“主观”轴，而不是一个真实的轴。例如，如果你在移动游戏市场，一个邻近的市场可能是社交（脸书）游戏市场，或者是主机游戏市场。如果你正在为律师事务所构建文档管理找解决方案，邻近的市场可能是公司法律部门或政府机构。如果产品要销售给金融服务公司，邻近的市场可能是非常庞大的金融服务部门（例如经纪人）或保险公司的一个子集。你甚至可以把登录金融网站的消费者看作是离这个轴原点稍远一点的“不同”的市场。

- **轴2：产品/技术。**第二个轴是你的特定产品。它由你的产品及其底层技术和部件组成。例如，如果你正在为大型保险公司构建文档管理系统，则子组件可能是文档数据库、版本控制系统、用于管理工作流程的用户界面等。当你沿着这条线行进时，它可能是基于类似技术构建的另一个产品，也可能是像你这类公司的一个子集。假设你有一家移动游戏公司，并创建了一个一流的分析引擎，你可能会将此产品推出并提供给其他移动应用程序开发人员。更“通用”的分析引擎可能有稍稍不同的要求，但使用的技术与你最初的游戏分析技术是一脉相承的。所以，这个轴意味着从确切的产品开始，当向这个轴的远端移动时，就能找到一个完全不同的“产品”。

尽管这两个轴的方向是相对的和主观的，但它们提供了一个很好的心理模型来思考转型，如图14–1所示，也就是转型的四个象限。

参照图14–1，让我们从象限1开始（从左下角开始，顺时针计数）。这是创业公司目前所追求的产品或市场。它可以是金融业企业软件，可以是手机游戏的分析软件，也可以是一个消费者社交网站或应用程序。

如果你曾经玩过像《冒险》这样的老式战略棋盘游戏，或者学习过军事战略，你就会知道，在一个与你所在或已经控制的领土相邻的区域上，你通常更容易获胜并守住它。虽然我个人认为用军事比喻商业可能有些过头了，但对创业公司来说还是有一些道理的。从象限1移动到相邻象限之一（2和4，同一产品或同一市场）通常比转移到象限3（不同产品和不同市场）容易得多。

让我们更详细地看看每个象限：

- **象限2：相同的产品，不同的市场。**更准确的描述可能是“相似的产品，不同的市场”。这个象限的主要思路是，不用完全修改产品，你就可以转移到这个新的领域。当前象限的“移动”主要依靠销售和营销活动，但也需要对产品进行一些改进。

从市场的角度来思考“移动”的一种方法是转移到邻近的市场。定义市场“移动”的另一种方法是进行更具体或更综合的考量。如果你发明了一个适合“所有人”的产品，但发现它只是在某个特定的细分市场受欢迎，于是你决定专注于该细分市场，这就使得你转向一个较小的市场。而对于一个大的市场正好相反——使产品更通用，以供市场中的每个人使用，而不仅限于你最初的目标市场。下面是两个非常著名的例子：

（1）脸书最初面向的是一个特定的市场：大学生。如果脸书最初有设定原始目标的话，这就是最重要的一部分。后来公司把市场扩大到了“所有人”，使脸书成为大众社交网络。事实上，它的核心用户群正从校门进入现实世界，这使得这一转变比其他方式更容易。

（2）在传统的SQL数据库世界，Sybase公司是一个通用数据库公司，也是甲骨文这家最早、最大关系数据库公司的竞争对手。然而，Sybase公司发现他们在金融服务业这一特定领域取得了很大的成功。由于他们的体系结构，尽管Sybase公司仍然是一个通用数据库，但他们找到了专注于特定市场的方法。这是一次非常常见的转型，它是基于特定产品或技术的优势。

在这两种情况下，两家公司的产品都没有失败。他们通过缩小或扩大产品线，取得了更大的成功。

- **象限4：相同的市场，不同的产品。**在此象限的“移动”过程中，你会发现你的当前客户（或潜在客户）中存在一些你以前不知晓的需求，由此你为这个市场打造了一个新产品。如下面两个例子所示：

（1）证券法律软件公司Intelligize公司为证券交易委员会和证券律师制作了一款SaaS产品，通过调出其他与之类似的美国证券交易委员会（以下简称“证交会”）文件（他们的第一款产品被称为“案例检查器”），他们可以很容易地核查案例。虽然这是一种需求，但他们发现这些律师在回复证交会的询问时也需要帮助。事实上，这产生了一个更大的需求，所以，围绕这一更大的需求，他们开发了一个产品（即证交会意见检查程序）。这是用于同一市场的不同产品，尽管产品不同，但他们能够利用现有的技术和经验快速打造出这一新产品。随着在这一单一市场（证券律师）中不断扩展产品系列和功能，他们成为这一领域的领导者，并最终将这一产品出售给律商联讯公司。

（2）在我的第一家创业公司头脑风暴技术公司中，我们开发了一些工具，帮助公司将Lotus Notes群件应用程序和数据库连接到由微软 Visual Basic开发的应用程序。这样做的同时，客户要求我们提供解决方案，因为许多客户希望使用该产品从Notes中调取数据并将其放入SQL数据库（如甲骨文或Sybase数据库）中，反之亦然。然后我们开发了一个这样的产品，名为Lotus Note 数据连接（Datalink for Lotus Notes），它成了我们最畅销的产品。这是出售给同类公司的不同产品，也是我们第一款一直在售的产品。

在上述每一种情形中，伴随而来的机会都比第一次机会更大、更有利可图。当这种情况发生时，要把它看作值得庆贺的事，而不是责怪自己先前在市场上选择了错误的需求或开发了错误的产品！事实上，如果这两家创业公司没有开发出他们的第一个产品并迈入市场大门，他们就不会知道在这个市场上会有更大的机会。

- **象限3：不同的市场，不同的产品。**当然，这个象限是最难转入的。这通常要求公司完全推倒重来，因为你要在另一个行业开发出不同的产品。那这又是如何发生的？有时，如果你在另一个市场发现了一个新的机会，然后你就收购了另一家公司，这种情况就发生了。

例如，Offerpal是脸书游戏领域中一流的网络广告商之一。它决定在某个时间点上收购泰普悦，泰普悦公司处在一个邻近的市场——移动游戏广告市场。后来，由于Offerpal公司的脸书业务下滑，它彻底改名为泰普悦，成为领先的移动网络广告商，完全脱离了最初的市场和产品。

在另一个著名的例子中，BEA系统公司（成立于1995年，从事中间件业务）在1998年收购了WebLogic公司（它开发了一种产品，称为网络应用服务器），当时网络正处于蓬勃发展时期。随着网络应用服务器成为其主营业务，BEA公司改变了其品牌，并以其网络应用服务器而闻名，远远超过了以前的中间件业务。

聊天群组和工具集成公司Slack公司最初是一家游戏公司，后来成为一个价值数十亿美元的企业合作平台。他们最终转向了一个完全不同的领域和不同的市场，尽管他们依旧使用了一些他们最初打造的基础技术来实现这一点。与其相比，社交应用软件公司Discord公司则通过为同一市场（游戏玩家）构建应用程序（不同的产品），实现了完美的转型。

新机会隐藏在发展的路上

“快速失败，就快速转身”这句话在硅谷流传甚广，并因为最近的“精益创业”运动而广受欢迎。

然而，对于许多成功转型的公司来说，这并不是一次性从产品A到产品B的大规模转变。

通常情况下，公司在产品A方面取得了一些成绩，正是这种些许的成功使他们看到了产品B（或从市场A看到市场B）的机会。如果公司在给予产品A足够的机会之前，就简单地进行了转移或转型，那么他们可能永远不会开发产品B。

如在“陷阱11：专注、专注、专注”中所举的例子那样，微软从一家开发工具公司转变为一家操作系统公司；BEA公司变成了一家web应用服务器公司；Offerpal公司变成了移动网络广告商泰普悦。这些转折都发生在公司成立的数年后，并且，他们的第一批产品都取得了一定成功。真正的转型，最初更像是一个附属品，人们并不是在转型的第一天就抛弃了旧有的业务，而是等这个“新事物”成长到一定规模，替代了公司本身。

一个警示故事：为投资者转型

创业公司加入加速器，并根据加速器或其导师的反馈来调整发展方向的方式已经变得很普遍。然而，仅仅为了迎合某个特定的投资者（可能是加速器、风险投资人或战略投资者）而转向另一个市场是有危险的。

举个例子，有一家公司在Play Labs加速器向我们提出了一个想法，为书籍开发增强现实应用程序。我们对这个应用程序不是很感兴趣，但很喜欢这个团队。我们告诉他们，如果想加入我们的加速器，他们要尝试着转向其他能令人感兴趣的市场。他们最后转向了一个看起来更赚钱的市场——逃生屋。这个市场更令人兴奋，因此我们让其进入加速器，对他们进行投资。

但令我们没有想到的是，这两位联合创始人对这一市场都没有什么热情，他们转向只是为了进入加速器。这样做很不好。创业是艰难的，正如我们将在创业之旅的最后阶段——“第六阶段 地狱与归来：创业生死的陷阱”中看到的那样。

创业者要比投资者更了解他们所追求的市场，这一点很重要。如果你还不如投资者了解市场，或者你和投资者都不了解市场，这样的转型，就变成只是为从投资者那里获得资金的一种行为。只有当你有足够的时间去探索一个市场，并且确定你在团队中的强项、弱项与你要去的市场之间有契合点的时候，你才应该转向。

创业成功的秘密14

慢慢地失败，小心地转身。

你可能会说，许多转型的真正秘密是，在最初产品上生存足够长的时间，这样你就能在一年或两年后，找到一个更大的机会。

硅谷的传统思维已变成快速放弃产品，而没有给它们足够的时间证明自己，也没有给创业者足够的时间在市场上真正、真实地了解市场需求。把第一个产品销售到第一个目标市场过程中所得到的经验事实就是你做出转型的基础。

有时转型实际上是一个臭鼬工厂[①]项目，创始人中有人对此有预感。想想“陷阱11：专注、专注、专注”，有时一个“小项目”迅速发展到非常大，正是因为明确了真正的机会在哪里。

那么，你是应该转型还是不转型呢？正如本书中的许多建议一样，答案是：视情况而定。

在下面的案例中，让我们观察一下本书一直关注的两个成功的公司：数据分析公司Gnip和Life360，它们一个做了转型，一个没有。由此我们再次重温“转型还是不转型”决策的复杂性。

两个创业公司的故事：一个转身，一个坚守。

Gnip公司与社交网络市场的转型

在“陷阱11：专注、专注、专注”中，我们讲述了Gnip公司的故事，它成功地转到了象限4（相似的产品，不同的市场）。在尝试向社交网络销售产品一年之后，他们利用这些知识向希望访问这些公共数据的企业开发人员销售APIs。事实证明，企业市场利润更高。

贾德·瓦莱斯基在回忆这段经历时说：“我们去敲了所有社交网络

① 臭鼬工厂一般特指洛克希德·马丁公司的高级开发项目或该项目团队。这里指特定项目团队。——译者注

（我们称之为出版商）的大门……没人买。但有一件事我们做得很好，那就是在被拒绝了一年之后，我们不断告诫自己，如果我们被拒绝12个月了，我们就应该停止所有我们正在做的事情。事后看来，我觉得这很聪明……我们有一个时间框架，并把成功或失败的判定限制在这个时间范围框架内。如果已经知道方向不对，我们没必要想清楚接下来该怎么办，以及继续撞南墙。”

Life360和不改变方向的决定

不过，有时你要坚持己见，因为你有合适的产品。当亚历克斯·哈罗和他的联合创始人在卡特里娜飓风灾难后创办Life360时，他们明确他们想创办一家公司，为家庭使用移动设备提供沟通和协调的服务。但他们在2008年推出应用程序时，用户寥寥无几。

按照传统的思维，他们可能应该“快速失败，就快速转身”，但他们坚持为家庭提供帮助的愿景。到了2010年，一夜之间家里每个人都有了智能手机，Life360期待的网络效应开始显现。到了2019年，Life360成为有史以来下载量最大的应用之一，并且公司成功上市。

亚历克斯说：“是的，我因为走在时代的前列而得到赞扬，但我们现在只是在证明我们6年前谈论的东西。尽管我们花了两年半的时间才真正开始获得用户……我们一直在实验和验证。我们知道一个事实，即家庭需要我们想做的东西，我们知道移动市场还没有准备好接受它，但我们知道一旦市场开启，我们就能够把这些东西放在适当的位置。”

亚历克斯补充道：“很多成功事例摆在那儿，人们有时会想‘天哪，网络应用突然间遍地涌现呀’。但事实是，创始者们的努力远远超过了眼前所见。”

真相4
没有所谓的坏宣传

这是其中一个经常被到处传播的建议，特别是在一家公司做了一些坏的宣传后。

但关于这一点存在争论。因为任何形式的宣传都可以让更多的客户了解你的公司和产品，对吧？

可情况并不总是这样。我可以证明，一些宣传做得不好，你应该避免——但我并不相信情况一直如此。事实上，我想说的是，我收录这个建议，起因就是我同意在2011年上《囧司徒每日秀》，这最终被认定是一场公关灾难。

像所有的建议一样，它也有其真相的内核。如果你能扛过那些不当的宣传，公司会变得更强大，但这可能会使你失去一些客户或一些光彩。

第五阶段 收获宝藏：退出公司的陷阱

在打败强敌、从死亡中逃生并最终战胜他个人最大的挑战之后，英雄进入了一个全新的状态，从战斗中脱颖而出，成为一个强者，并常常伴有奖赏。

奖赏的形式多种多样：具有重大意义或影响的物品、一个诀窍、更丰富的知识或洞察力，乃至与所爱的人或盟友和好。不论奖赏是什么，都会有助于他重返平凡的世界，英雄必须迅速把欢庆的事情放在一边，为旅程的最后一段做好准备。

——丹·勃朗兹特（Dan Bronzite）《英雄之旅》

第五阶段概述

我们现在已经到了每个加入创业公司的人都期待的阶段——找到宝藏！当然，在创业之地，这通常指一次有利可图的退出（以超过x美元的价格出售公司）或首次公开募股。

x美元是多少？这取决于你是一家得到了风险投资的创业公司，还是一家依靠自己的创业公司。首次公开募股是另一种退出方式，在股市表现良好时很受欢迎。从技术上讲，首次公开募股不是退出，而是一个融资事件。如果你运气好，仍然拥有相当大比例的股份，这意味着你的股票将价值数百万美元。

如果你没有从外部投资者那里募集任何资金，那么x美元可能是值得庆祝的一个小数字。可能是几百万美元或多一点。如果你选择了风险投资的路，并进行了A轮融资或后续融资的话，如果公司不能以超过1亿美元的价格出售，那么你的风险投资人可能会不高兴。

正是在这段旅程中，我们的英雄和他们的盟友通常会认识到，退出并不像最初想象的那样简单。退出时的估值不同于各轮融资时的估值（这是基于预期的，请回忆一下第二阶段的建议）。在退出时，估值应该是真实的估值，对吗？

再说一次，这要视情况而定，所有建议都是如此。

在神话历险中，宝藏通常是已知的。在《霍比特人》中，有一个真正的宝藏（由龙史矛戈守护），历险者都希望得到它。而在其他情形中，宝藏可能是拯救公主（如《星球大战》中的故事），打败邪恶的黑魔王，或只是回家（如《奥德赛》中的奥德修斯的经历）。约瑟夫·坎贝尔说，有时宝藏是一种神奇的灵丹妙药，它会在英雄们完成历险之后，赋予他们特殊的力量和洞察力。从这个意义上说，即使你的第一次创业失败了，就像我的第一次创业失败了一样，你仍然可以从中得到神奇的灵丹妙药，获得完成创业之旅所需的力量和洞察力。

不管宝藏是什么，我们将在本章详细讨论寻宝过程中的一些要素。

本章将面向实际应用，详细讨论创业者第二次寻找宝藏时可能遇到的一些紧迫的问题和假设。首先，什么时候是出售公司的合适时机？

这是一个复杂的问题——任何持反对意见的人都会给你带来启发。我认识一些创始人，他们在互联网繁荣时期得到了1亿美元或更高报价，但他们拒绝了这些出价，因为他们认为自己的公司将上市，价值将远超10亿美元。不幸的是，也是大多数情况下可预见的，这并没有发生。

我遇到过许多创业者，他们以1000万美元、2000万美元，甚至5000万美元或不到1亿美元的价格卖掉了自己的公司，后来他们意识到，如果再多坚持几年，价格会更高。众所周知，马克·扎克伯格拒绝针对脸书10亿美元的收购要约。事后看来，他似乎做出了正确的举动，但事情并非如此简单。关键是众多因素的组合，包括充分了解创业市场的生命周期，我们将在本章进一步讨论。

出售公司的谈判可能很复杂。我们还将研究不同的退出方式，包括二级市场和首次公开募股，而不是直接公开出售。以前，把公司出售给上市公司被认为和获得现金是一样的。然而，在21世纪初的互联网泡沫破灭之后，情况却并非如此。这是因为许多上市公司都在用估值过高的股票进行收购，后来股价暴跌，导致估值大幅缩水。难道被收购公司的创始人不能出售公众股吗？在许多情况下，他们收到的股票是限制性股票，这意味着在公司出售6个月或更长的时间内不能出售股票，这段时间足够使股市走向崩溃。

为获得最佳结果而精心组织一次收购也是非常困难的。从关于股票的讨论来看，还是全部以现金方式出售公司较好，不是吗？答案是：不一定。我们将用本章中的建议深入探讨战略性收购的复杂性。你希望交割时的对价是多少？答案看似简单。（最好是一次性付清，不是吗？）但真正的答案更为复杂，因为采用赢利能力估值会将估值金额提高到一定程度，如果100%先期支付，收购方会不情愿按这一估值金额支付。

当然，如果不深入研究在所有创业旅程中都发挥作用的心理因素，本书中的任何建议都是不完整的，这一阶段也不例外。我们将观察收购方对公司感兴趣的原因是什么，然后再观察真正的原因是什么。这一点在你决定是否出售和谈判出售公司时非常重要。

陷阱15
照此速度，明天创业公司的价值就会翻倍

许多初次创业的人在收到第一份收购要约时都会受宠若惊。即使是一个金额相对较小的收购要约——比如说，100万美元或200万美元，似乎都是惊人的进步（按硅谷的标准衡量，这个数字是有那么一点少，但在世界大多数地方，100万美元或200万美元并不是小数目）。

就像第二阶段许多关于估值的建议一样，本建议源于创业者不了解在整个市场上，公司的估值如何以及何时增加（或减少）。

这个建议背后的逻辑核心是这样的：如果这家公司成立两年，成立时几乎一文不值（比方说，1美元），如果今天有人愿意支付200万美元，那么这家公司一定正处于快速上升的阶段。如果目前的趋势得以持续，那么公司在下一年的价值应该是400万美元，之后是800万美元！

或者，如果今天的年收入是300万美元，有人愿意为公司支付1000万美元，那么如果公司明年的收入是600万美元（即收入的两倍），那么公司明年的价值应该是2000万美元（估值的两倍），对吗？

事实上，如果创业公司正在成长，而且这个逻辑是正确的，那么你所要做的就是坚持——只要收入增长，估值就会增长，对吗？

错了。就像本书中许多隐藏在建议背后的秘密一样，真相比这要复杂得多！

问题是，无论是线性增长还是指数增长模式，对创业公司的估值预测都不起作用。利润倍数也是如此。市盈率（价格收益比率）经常被使用，但也不可靠——事实上，它们在公司的生命周期中变化很大，最重要的是，在市

场的不同阶段（如创业市场生命周期中定义的那样）变化也很大。

估价包含什么

在“第二阶段 为旅途加油：募集资金的陷阱”中，我们探讨了创业者在认知上的脱节，即创业者对估值在募集资金时含义的认定和它真正含义之间的脱节。

对创业公司的估值实际上是对公司未来业绩的一系列预期，这几乎总是与他们所处市场的预期挂钩。因此，对创业公司估值方式的变化既取决于预期的变化，也取决于收入或客户的实际变化。

要真正了解创业公司的估值是如何增长（或下降）的，你必须了解几个因素（不一定按此顺序）。

- 收购者为什么要收购你的公司？我们将在“陷阱16：他们想收购我们，是因为我们的产品很棒”这一节中更详细地讨论这个问题。那时，我们就可以弄清为什么有人要购买你的公司，并且这与他们会为你的创业公司支付多少钱也有关系。
- 你的市场处于创业市场生命周期的哪个阶段？另一个问法是：市场有多热？紧接上一个问题：贵公司在这个（火爆的或不那么火爆的）市场中处于什么地位？如果你是超级火爆市场中最知名的公司，你可以比市场上众多“凑数”的公司获得可观的溢价。即使市场不再那么火爆，市场上其他公司的估值正在下降，但作为最知名的公司你还会有溢价空间。

创业模型8：不同阶段的估值演变

公司的估值往往紧随整体市场趋势。这对于上市公司来说最为明显，它们的估值在牛市期间会一飞冲天。然而，事实证明，对于创业公司来说，这

（市场）是迄今为止决定创业公司价值最重要的因素！为了达到一个估值，你必须弄清楚你的创业市场处于创业市场生命周期的哪个阶段。

让我们重温一下“创业模型1：创业市场生命周期”的各个阶段，在这个模型中，阶段分为新生、成长、超热、迈向成熟和成熟。

估值随市场发展阶段而变化

那么，一家公司在每个阶段的价值是多少？对于软件创业公司来说，你通常可以采用收入倍数法来评估一家公司的价值。创业公司在这些阶段的收入倍数大致如图15-1所示：**创业公司退出时的收入倍数。**

请注意，此倍数通常用于证明估值的合理性，而不是用来设定估值，因为在创业之地，每次谈判绝对仅有一次，不会重复。由于创业公司通常被认为是一个效率低下的市场，当然也会有例外，但这些粗略的估算可以让你了解估值倍数是如何随市场阶段而变化的。通过在市场的不同阶段引用合理的倍数区间，可以让收购方认同该范围内的估值。

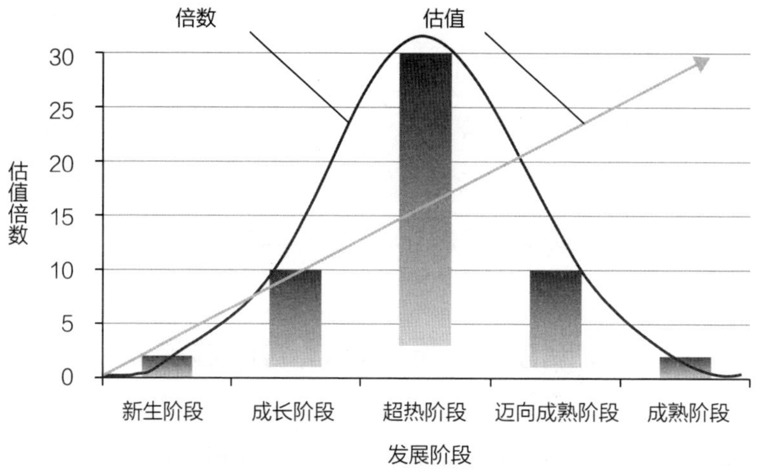

图15-1 创业公司退出时的收入倍数

- **新生阶段。**如果市场处于这一阶段，估值就很难确定，因为大多数收购者并不真正了解市场，也不知道为什么他们要花钱收购市场上的公司。由于处于这一市场阶段的公司没有太多的收入，因此在这一市场上的大多数收购都可以被视为“人才并购”（acqui-hires）——收购的是人才，而不是产品。

- **成长阶段。**在这个市场阶段，估值倍数开始增加，因为这个市场相对较新，很难量化。但在通常情况下，创业公司的收入倍数在3～5倍之间，甚至人才并购价格也开始上涨。例如，在社交游戏市场，早期的领导者Zynga公司和SGN公司能够以几百万美元的价格收购脸书上其他的游戏公司，而这些游戏公司可能只有不到100万美元的收入——通常年收入在几十万美元左右，但增长很快。

- **超热阶段。**当市场变得“超热”时，创业公司很容易获得超过3～5倍的收入。有许多例子表明，在“超热”的市场中，你能看到10倍、30倍甚至100倍以上的收入倍数案例（并且高额的倍数通常是针对收入很少或没有收入的公司）。甚至，市场上人才收购价格也高得不合理——即使你没有一个有效的，或能产生任何收入的产品，但只要你有一个团队，他们在一个“超热”的市场中拥有经验，通常你就能以相当可观的价格出售你的公司。在一个热超的市场中，从现有公司招聘人才会很困难，因此收购者愿意支付溢价，以获得一支以前合作过、在市场上有经验的团队。例如，当手机游戏大受欢迎时，日本上市游戏公司GREE公司，在2010年年末以1亿多美元的价格收购了领先的手机游戏网络商Open Feint公司。在过去的12个月里，Open Feint公司的总收入不到100万美元——收购价格是其收入价格的100倍！原因有两方面：GREE认为自己错过了西方的手机游戏市场，而Open Feint是一家领先手机游戏网络商——拥有7000多万用户。

- **迈向成熟阶段。**随着市场进入正在成熟阶段，估值大幅回落。但你依旧能够获得3~5倍的收入。此时，整合已经开始，但市场上的参与者数量还是超过了最终能存活下来的数量。随着市场走向成熟，新兴的领导者（那些依旧能获得3~4倍收入倍数的领导者）将赚得盆满钵满，但更多公司或是倒闭，或是以某种名义出售。例如，在手机游戏领域，同一收购方GREE公司在2012年以2亿美元收购了Funzio公司（一家知名游戏公司，《罪恶都市》的制作者）。虽然这似乎是一个较大的数额，但Funzio公司的收入已经达到每年5000万美元，因此4倍收购倍数远低于一两年前市场过热时公司所能得到的倍数。此外，Funzio公司已经成为它那类移动游戏领域的领头羊，这使得该领域其他公司无法再获得更高的溢价。再如，2012年，Zynga公司在公开市场上的估值为收入的10倍，但它的股价却跌到了地上，回到了3~5倍的水平，这实际上是从超热阶段过渡到迈向成熟阶段的一个突发事件。

- **成熟阶段。**当一个市场成熟时，市场上会有上市公司出现，现在的估值是基于收益的倍数，而不是收入的倍数。这是一个传统的商业世界，斯坦福大学、哈佛大学和哥伦比亚大学这样的商学院对此已经有了很多论述。这一阶段并不意味着那些已经确立了自己地位的玩家不赚钱。有一点是——新的创业公司很难进入，而老牌企业对在这一阶段支付超出其现金流的溢价去收购一家公司并不感兴趣。股票市场的市盈率就是一个基于收益倍数进行估值的例子。

当然，在每一个阶段，如果你被认为是领导者，那么倍数往往是在频谱的高端。

另外，虽然“估值倍数”曲线随着市场的成熟而上下波动，但“实际估值”曲线却向右上升。这意味着，如果你把在市场的每个阶段融资或出售的公司的所有实际估值加起来，这一数字在市场的晚期将明显更高。这是因为随着市场的成熟，成为市场赢家的创业公司拥有可观的收入——最终达到数十亿美元——因此尽管他们的收入倍数较低，但绝对数字要高得多。

2016年，许多移动游戏公司，如Kabam、 King、 outfight7、Niantic（一家独立的增强现实游戏公司）和其他价值10亿美元以上的公司，或上市或出售。如果你把他们所有的估值加起来，他们比所有游戏公司在2010年、2011年或2012年的出售总额都要高。到2016年，手机游戏市场规模达到300亿美元——远远超过估值倍数达到天价时的规模。到21世纪末，这将是一个收入接近700亿美元的市场。

创业成功的秘密15

你公司的价值取决于市场的发展阶段和你在市场中的位置，别再搞错了。

让我们找寻本节建议存在的根源，探寻其背后的秘密。创业者们认为，如果他们的公司销售额达到*x*美元，而今天有人愿意花5倍的价格买下这家公司，那么他们应该等待，直到销售额翻番。如果它们现在的销售额是原来的2倍，使用同样的倍数，它们现在的价值将是原来的10倍，对吗？

错了。

这个建议背后的真正秘密是，倍数因阶段而异，在决定是否出售公司时，你要牢记这一点。

如果你能在一个超热的市场中获得5倍的收入倍数，那么在一个迈向成熟的市场中，你可能只能获得2倍或1.5倍的收入倍数。所以，如果你的收入翻了一番，你的公司实际上比现在的价值要低！对我所见过的几乎每一位创业者和投资者来说，在参与估值讨论时，这种情况与他们直觉的判断完全相反，因为他们根本无法想象明年的市场会与今年的大有不同！

在传统的商学院里，我们被告知对未来最好的估测是过去。不幸的是，在创业之地的现实中，这如同一个神话，唯一可靠的规则是：过去不等于未来。

如果你的公司没有收入怎么办？这种情况发生在基于用户数量进行估值的消费类公司身上。例如，Twitch公司（一家专注于电子竞技和视频游戏的流媒体视频直播平台网站）被亚马逊以9.7亿美元收购时，收入微乎其微。许多传统商学院的毕业生都会极其困惑，无法解释其原因。但电子竞技和流媒体游戏市场才刚刚起步，Twitch公司每月已经有实打实的5500万名用户，因此，可以把这一数字转化为每个用户17美元的多元化收入值。此外，如果你的公司是一家因用户数量（而不是你的收入）而在超热市场中被高估值的公司，那么你可以假设，如果你的用户数量翻了一番，你的公司价值至少会翻一番。

这可能是对的，也可能是不对的——事实上，随着创业市场的成熟，你不能保证你的公司继续以“用户”为基础进行估值——你要开始展现你的赢利能力以及如何将这些用户变现。

这样一个在理论上看似直截了当的概念，创业者们在实践中似乎永远也理解不了。如创业者一样，很难想象如果你的公司取得了更大的进步（更多的客户、更多的用户、更多的收入），你的公司怎么会变得更不值钱。

未来总是光明的，因为创业者天性乐观，总是“推销未来”。事实上，他们总是向员工、投资者和客户兜售更光明的未来，这是成功创业者的特征之一。

一个很好的例子是，消费VR市场中的游戏和娱乐公司在2015年和2016年获得了大量资金，估值很高。到2017年，投资者对消费类VR创业公司的热情显著降温——许多VR公司创业者发现，无论估值如何，都很难募集到下一轮融资，更别说估值比2015年或2016年高了。

如果你有更多客户或收入，公司一年后的价值怎么可能减少呢？这是一个简单的数学题——如果你的收入增长了两倍，但你的收入倍数降了两倍以上，总估值将减少！

如何利用这个秘密来安排你的出售时机

理想的情况是，如果你理解了建议和秘密，你就不会在创业/成长阶段卖掉公司。相反，只要市场进入超热阶段，把你的销售时间锁定在市场高峰期或之前一点，然后，你就可以迈着欢快的步伐，转身离去，潇洒快乐！

不幸的是，这通常是一个白日梦，因为人们很难预测市场确切的高峰期阶段。如果你经历过几个创业市场，通常不难判断你处于哪个阶段，但预测处于哪个阶段，以及处于一个阶段的开始还是结束会持续多长时间，而且很难确定。

要想确切地知道一个特定的市场阶段何时结束，唯一可靠的方法是在这个阶段结束后做事后诸葛亮。不过，观察市场估值可以让你很好地了解自己所处的阶段。

这就把我们带到了这个建议背后的第二个秘密面前。

创业成功的秘密16

因为很难预测一个市场确切的高峰期阶段，这意味着你要么在上升阶段，要么在下降阶段出售公司。你更愿意怎么做？

最好在处于市场的高峰期阶段出售。一般来说，一方面在上涨途中卖出比在下跌途中卖出要好得多，因为当估值下跌时，收购者往往会暂停收购。如果一个市场的估值在下降，那么他们所要做的就是等待，而你的公司明天的价值将比今天低！

另一方面，当估值上升时，收购者有动力迅速出手收购公司，这与该建议在创业者广为流传的原因是一样的——因为明天价格可能会上升！今天就去收购！

我认识许多创业者，他们拒绝了巨额的收购要约，特别是在互联网繁荣时期。一位创业者拒绝了1.2亿美元的报价；许多年后，在移动游戏的繁荣时期，另一位创业者拒绝了4亿美元的出价（在他的风险投资人的支持下），因为他们想建立一家价值10亿美元的公司。但几年后，这两家公司的价值都大幅缩水。

记住，在创业公司中，过去并不等于未来！

卖还是不卖

决定是现在出售还是等待，从来都不是一件容易的事。与其说这是一门科学，不如说是一门艺术，尽管了解市场的发展阶段对此会大有裨益。

让我们看一个艰难的决定。这个例子是我个人参与的泰普悦的项目，它最初是一家手机游戏公司，拥有《塔防达人》（*Tap Defense*）、《轻触数独》（*Tap Sudoku*）等热门产品。泰普悦进入了移动广告领域，它有一种独特的模式（称为“安装激励”），帮助广告商获得大量下载，而手机游戏开发商通过向愿意安装另一个应用程序的用户提供虚拟货币/积分来赚取大量真金白银。

这种模式开始在2009年秋天运作得非常好。临近2010年年初，公司每个月的收入都在增长，第一个月，5万美元；第二个月，10万美元；第三个月，15万美元，然后20万美元，以此类推……并且趋势没有放缓的迹象。两位创始人本·刘易斯（Ben Lewis）和李·林登（Lee Linden）对这一增长都感到很高兴，但也不知这种增长会持续多久。

他们面临的选项包括：

（1）募集风险投资资金（硅谷顶级风险投资人有意投资泰普悦）。

（2）现在就卖掉公司。

（3）等几个月，以获得更高的收入运行率，然后以更高的价格出售。

为了避免你错过建议的要点，每个建议都列出一个基本的实事内核。由于收入在不断攀升，他们确信，按此趋势，泰普悦在未来一年肯定会更值钱。而且，市场已经过了初生阶段，正处于成长阶段，收入倍数开始升高，看起来像是超热阶段的倍数（远高于3～5倍），但很难判断市场何时会出现反转。

此外，还存在无法量化的巨大的市场风险。占据大部分收入的"激励安装"模式，其寿命可能会被当时手机游戏的主导平台——苹果缩短。这并不是一个理论上的风险——苹果因为关闭了他们生态系统中不认可的公司而臭名昭著，而脸书也在不久前关闭了一个类似的社交游戏收入模式。

创始人决定在2010年3月将公司出售给Offerpal公司，这家公司在脸书游戏领域一直表现不错。

他们应该在2010年卖出吗？

一方面，他们得到了很大的收入倍数，每个创始人都拿到了数百万美元，而公司成立还不到一年。

另一方面，泰普悦增长迅速，收购后这种增长仍在继续。这项业务后来成为一项年收入1亿美元的业务（他们非常成功，Offerpal也因此更名为泰普悦，并成为最大的移动网络广告商之一）。因此，如果创始人和投资者坚持到那时，他们肯定会赚得更多。

事后看来答案很明显，对吧？嗯，不太可能。

本书中的建议所传达的信息是，事物很少非黑即白。当卖掉公司的时候，他们确保得到了确定额度的收入——大约一年半后，苹果确实关闭了安装激励业务，结果，泰普悦的收入因此大受影响。到那时，收购方不再愿为移动广告公司支付近乎相同的收入倍数。

这是一个很好的例子，说明坚持一段时间会让你赚更多的钱，但坚持太久可能会导致赚的钱减少。从“创业模型8：不同阶段的估值演变”中的估值曲线来看，这很明显。

正如他们所说，时间就是一切。

感知市场变化

虽然很难预测市场确切的高峰期阶段，但如果市场在变化，通常会有迹象。让我们回到另一家公司，说来奇怪，这家公司也是由Offerpal公司的联合创始人阿努·舒克拉在20世纪90年代创立的——Rubric公司。

在互联网刚好成为一个关键的营销渠道时，该公司构建了一个营销自动化解决方案，以帮助企业管理其所有的营销活动。19个月后，Rubric公司已经成为这个新兴市场（营销自动化）的领导者之一。

阿努说：“我们的营收运转率是3000万美元，我认为我们（在营销自动化方面）是遥遥领先的。在这一领域中，刚刚出现两个竞争者。在受欢迎程度和产品市场适配方面，我们是领先的，就我经验而言，基本上领先一代。这是我们的重点，我们有25个客户，包括思科、通用汽车和惠普。”

传统观点认为，如果你是市场领导者，你就不应该出售公司，而是继续前行，走向IPO，并定义市场类别。然而，阿努和她的联合创始人决定在2000年3月以3.66亿美元的价格将公司出售给Broadbase/Kana公司（一家企业形象识别系统公司）。她的一些投资者担心他们虽然得到10倍的收入倍数，却失去了更好的机会。因为她在创业之地的许多同行在此期间拒绝了7位数和8位数的报价，尝试建立一个10亿美元的公司。

敏锐的观察家可能已经发现，这刚好是在互联网泡沫破裂之前。然而，无论是阿努还是她的投资者都无法断言互联网泡沫何时会破裂。

阿努解释说，她能感觉到营销自动化市场正在发生变化。当他们开始销售产品时，公司愿意从一家创业公司购买营销自动化产品。然而，他们开始注意到，市场正加速与销售人员自动化和客户支持自动化合并，成为一个大而成熟的市场，这被称作“客户关系管理”。

阿努说：

成功的一个重要的因素是思考市场——这又回到了产品与市场匹配的问题上。我认为这就是创业公司的全部——实现产品与市场的匹配。如果你做到了，你就继续前行。你必须成功，并且还会继续成功。在我们的案例中，当我们将营销自动化作为一个独立的解决方案来销售时，客户开始认为它实际上是被纳入了客户关系管理系统。

公司实际上是这样做决定的：“我不会从第一个人那里购买营销，从第二个人那里购买客户服务，再从第三个人那里购买销售人员自动化。我要从甲骨文公司、思爱普公司或其他公司一次性购买这三种产品。”

在例子中，要么我们必须构建那些需要大量资金的其他功能，要么我们必须融入其他人的解决方案中。这就是为什么BroadBase/Kana公司要做全套解决方案——客户服务、分析、营销等。

考虑到随后的崩盘以及各种“面向客户”市场并入CRM，以3亿美元的价格出售公司而不是寻求10亿美元的机会，似乎是一个有先见之明的决定。之所以这样做，是因为CEO或创始人嗅到市场已经在变化。如果他们坚持再久一些，在市场崩盘后，很难保证他们会获得同样的售出价格（任何在此期间创业的人都会告诉你，他们可能会突然发现自己的价值大幅缩水，即使他们的收入增加了）。

小结

创业者们认为，目前的趋势将无限期地持续下去，或者至少还要持续几年，这会让他们在业绩好的时候，对是否要卖掉自己的公司感到犹豫，然后，在市场达到顶峰或正在下降时，他们突然发现自己又急于出售。不幸的是，当市场已经过了顶峰时，收购者不会小跑着来找你。

因此，最重要的因素是，在试图做出出售公司的决定时，要弄清楚你在哪个市场阶段。

你可以通过观察创业公司从收购方那里获得的估值倍数来判断这一点。如果你正处于创业期或成长期，这个建议可能是正确的——假设趋势继续下去，并且公司也能保持良好运营，你的公司将在6个月或一年内价值更大。

创业公司的估值倍数在超热阶段达到顶点后迅速滑落。在决定是否出售公司时，一定要记住这一点。既然很难（如果不是不可能的话）精确地把握市场变化的时间，那么你想怎么做？是在上涨的时候卖出，还在下跌的时候卖出？

陷阱16

他们想收购我们，是因为我们的产品很棒

如果你在硅谷（或任何科技创业公司）逗留的时间足够长，那么你一定会遇到那些公司被收购的人（被收购方）和那些在收购公司工作的人（收购方）。

如果你问收购者为什么要进行某项收购，你会听到各种不同的说法，例如，“我们收购A公司是因为x”。

如果你很睿智，就会去找同一笔交易中的被收购者交谈，你听到的可能是：“B公司收购我们是因为y。”

有趣的是，我们通常认为x和y应该是相同的，但它们却常常不同。

我们（创业者）并不太清楚为什么自己会被收购，或者为什么我们的价值和我们现在一样高（或一样低）。这就是我的经验，来自指导创业者进行的多笔收购案，以及我自己参与的收购双方的工作过程。

在解开这个迷思的过程中，我们将提出一些非常重要的问题，你应该在出售公司之前回答这些问题：为什么收购者有兴趣收购你的创业公司？是为了得到你的好产品吗？还是为了人才？是因为你打造的核心技术？还是为了公司已有客户？或是他们真正地想要收购你的公司？

收购的理由（逻辑原因）

事实上，它通常是这些因素的某种结合。就像投资者一样，为了使收购

标的价值最大化，你应该学会设身处地为收购者着想，试着从他们的角度看世界。

我发现原因通常分为几大类。那么，让我们观察下“收购者收购创业公司”的几种原因，以及估值如何变化。正如我们在之前的建议中所指出的，你在退出时获得的估值倍数将因市场的不同阶段而有很大的不同，潜在收购者想要收购你公司的理由也会有很大的不同。

战略性市场收购。一些大公司希望在他们所知甚少的新兴市场得到一个立足点。为了达到这个目标，他们可能会收购一个了解这个市场，但收入不多的团队（更不用说赢利了）。当市场处于新生阶段，或者处于成长阶段的初期，大多数大公司对市场并不十分了解的时候，这样做是非常正确的。

尽管在这些情况下，收购价格的绝对值可能也没有那么高，但收购方往往愿意为这些知识支付溢价，即按收益倍数做溢价（或者更可能是销售倍数，因为在新兴市场中的创业公司可能不赢利）。

有时，这会导致他们以看似离谱的倍数收购一家收入相对较少的公司，例如，以4000万美元收购一家销售额为100万美元的公司。在较为正常的情况下，2～3倍的收入倍数对于软件公司来说是合理的，5倍于收入会被认为很高，40倍的收入估值就是破纪录了，但如大家所知，在市场超热阶段，高科技创业公司真的会出现这种情况。

来看一个例子，是我们在上一个建议中提到的战略性市场购买的典型案例。2010年，GREE公司和DeNA公司是日本最大的两家手机游戏公司。他们从其手机游戏平台上获得了可观的收入和利润，这个平台运行的载体是日本所谓的功能手机（即准智能手机）。

当智能手机，特别是iPhone开始在西方流行时，他们意识到这里孕育着一个巨大的手机游戏市场。他们试图建立自己的解决方案，成为西方的移动游戏平台。但市场发展非常迅速，最终，DeNA公司以近4亿美元的价格收购梦宝谷公司，而GREE公司则决定以超过1亿美元价格收购OpenFeint公司。OpenFeint公司是由杰森·西特龙作为YouWeb孵化器的一部分创建的，它在移动游戏中是一个足够大的立足点——许多开发者将它用于一次登录、聊天和制作积分榜。

这1亿多美元是收益的多少倍？无限，因为没有收益。是收入多少倍？Open Feint在被收购前12个月的总收入不到100万美元（非常少），因此倍数远远超过100倍！

DeNA公司对梦宝谷的收购，绝对是高价收购，收购倍数超过了10倍的后续收入。以上这两种情况，收购公司支付的倍数在正常市场上会被认为是离谱的。

原因是什么？他们都将智能手机视为一个战略市场，他们真的、真的非常想立足其中。

地理收购。有时候，收购者需要将业务扩展到某些地点或垂直领域等，他们明确地需要在该地点有一个团队和一组客户。在传统行业，这意味着在新的城市开设零售店。

在高科技创业公司中，这通常意味着在特定地区设置销售机构（例如，美国公司在欧洲）。对于专业服务公司，或是希望收购服务组织的企业软件公司而言，这意味着可以轻松部署足够数量的专业人员到客户端。

让我们看一些简单的因地理原因收购的例子。当美国网络公司（U.S.Web）打造一家领先的“网络开发”公司时，他们往往会在互联网时代的IPO过程中，在不同的城市或州购买规模较小的网络开发商店。我记得我在Lotus Notes咨询领域工作时，就发生过同样的事情。当时，在洛杉矶有一家很小但很有名的Lotus Notes咨询店，名为DSSI。永安公司希望在这一领域开展业务，最终收购了DSSI。这样，他们就拥有了自然地理（洛杉矶的一个团队）和市场地理（Lotus Notes和相关技术的专家）的布局。

技术/产品收购。有时候，收购者真的需要一项特定的技术，而他们自己却没有时间来构建它。更常见的情况是，他们的客户需要一项特定的技术，收购方希望向客户提供“完整的解决方案”。为什么不采取合作的方式，而是去收购他们？事实上，他们可以，并且经常这样做，并以此作为收购的前奏。

在“合作期”内，收购方可以验证技术是否与整体解决方案匹配良好，以及与团队合作的难易程度。然后，在某个时候，收购方决定一点饼渣也不留给合作伙伴。

让我们看看Arbortext（一种软件）的案例，它由位于安阿伯市的密歇根大学开发的技术所创建。Arbortext是一种基于XML（可扩展标记语言）的“编辑和发布”解决方案，用于大型制造业和制药业客户的文档编制——波音和丰田等公司使用它来记录高度复杂的工业流程，并为员工发放工作手册。当然，制造业公司购买了许多其他类型的软件，即CAD，而这一市场的领导者之一是参数科技公司（Performance Technology Corporation，简称PTC）。PTC发现Arbortext几乎是他们的客户一直想要的、与自己的CAD和文档解决方案集成的解决方案，因此他们最终以2亿美元的价格购买了Arbortext。

这并不是纯粹基于技术的估值，收购时Arbortext的收入运行率超过5000万美元，因此这个估值是收入倍数的4倍，这是一个不错的倍数，但并不离谱。收购的主要原因是扩大参数科技公司的产品线，包括其文档编辑器。

数字收购。有时，收购是为了给公司带来一定的收入（或利润），并且这是一种直接的金融套利行为——当你利用市场上的价差进行收购时。例如，一家上市公司的估值是收入的5倍，他们可以用2.5倍收入估值买下你的公司。

仅从交易中，他们就能获利，因为他们用2.5倍的收入估值收购，而他们的市值上升了5倍！这类机会通常不会持久，但在热门市场中会出现。这种模式的危险之处在于，如果被收购公司的产品或服务不能很好地融入公司的其他部分，那么虽然有暂时的好处，但从长期来看，当估值回归现实时，也可能会出现问题。

2014—2016年，中国股市呈现爆发式增长，许多公司的估值达到了美国人认为的疯狂倍数。对于中国公司来说，超过10倍的收入倍数并不少见（显然，收益的倍数还要大得多），因此，他们愿意以5倍至10倍的收入倍数收购美国公司，因为这将按比例增加它们的估值。

人才并购。 在一个非常火爆的市场上，人才并购是一个非常普遍的收购原因，特别是在硅谷，这个世界上居住成本最高的地方之一。因为生活成本高，人才竞争非常激烈。当一个市场开始增长，变得超热时，这个特定的领域就会出现人才短缺的状况。而公司要实现增长，就必须聘用大量新人才，这可能特别困难。因此，他们将收购一家拥有所需专业知识的小型创业公司，然后抛弃创业公司的产品，让团队参与一些对他们具有战略意义的项目。

例如，洛基工作室是一个小型但创新的游戏开发公司，它来自斯坦福大学的StartX加速器。他们的游戏《宠物小精灵》有非常有趣的地理位置型的特性，但是在硅谷，它还支撑不起一个7个人的开发团队。2013年，雅虎希望加强其移动开发团队，因此对他们实行了人才并购（同时还有许多其他小型移动开发公司）来组建自己的团队。他们需要一个有移动和地理定位经验的团队。他们迅速关闭了洛基的游戏，并让团队负责其他项目。这在人才并购中是非常典型的案例：被收购团队的产品被关闭，团队本身投入收购者的另一个（重要）战略项目上。

还有一个例子。有一家教育软件公司通过了我们的加速器，但创始人都很年轻，不确定他们是否想在通过加速后继续经营公司。还有一家他们正在谈的教育软件公司，做得相当不错。第二家公司正在疯狂成长，因为他们的总部设在硅谷，他们很难找到足够多的人才。他们提出收购我们加速器中的这家创业公司，以便获得一支了解市场的团队。不过，这并不是一个理想的情况，因为他们只把它当作一次光荣的招聘努力，并没有真正重视这家创业公司建立的技术。

下文列表是一个有用的工具，用于识别收购方希望收购公司的主要原因（还包括次要原因）。你可以用它来评估特定收购方的动机。

创业工具4：陈述（逻辑上的）收购原因

为什么收购方______________（x）对收购你的创业公司感兴趣？

请从1（最重要的原因）到5（最不重要或不适用的原因）排序。

对每个潜在收购方重复上述步骤。

__________战略性市场收购（拓展市场）

__________地理收购（扩展到特定地区）

__________产品收购（产品进入其产品线）

__________技术收购（吸纳你的产品技术）

__________数字收购（在最重要项的数字旁再放一个x）

__________收入

__________客户

__________利润

__________人才并购/人才

- 收购后你将从事什么工作？
- 你的产品会怎么样？

其他意见：

____

____

真实的（潜在的、情绪上的）收购原因

当然，在许多收购中，收购方进行交易的原因可分很多种。尽管明面上收购方列出了明确的收购理由，但驱动收购者花大钱收公司的更深层次理由，远在面上陈述的“符合逻辑的”理由之上。

“情绪上”的原因很少作为收购的主要原因在新闻稿中列出（“我们被吓死了，所以我们买了x、y、z”）。不过，任何一家公司，即使是大型上市公司，都是由有个性的人管理的。

正如我之前指出的，在科技公司中，公司的文化在很大程度上受创始人的性格影响，特别是CEO的性格。即使是像甲骨文或微软这样的大型科技公司也是如此。

正如你可以对收购的“逻辑”原因进行分类一样，我发现，如果你深入挖掘，你也可以对收购者投身到收购中的情绪原因进行分类（有时会投身毫无理由的收购）。

下面是一些情绪化的原因。如果你能正确地鉴别潜在的情绪原因，你就可以获得更成功（和有利可图的）的并购和并购后的好时光。

- **害怕错过。**这可能是以很高的估值进行收购的最常见的情绪原因——同样也是我们在生活中做出许多决定的原因。创业公司如昙花一现般来来去去，同样，它们所代表的市场机会也是如此。

在互联网繁荣时期，这无疑是许多网络公司被收购的主要原因之一。传统的公司（更具体地说，是他们的管理团队）害怕“错过”下一件大事。你

可以把美国在线与时代华纳的合并归咎于对错过互联网时代的恐惧。尽管当时很多人都称赞这笔交易，但事实证明这是一场灾难，因为时代华纳方面拥有真正的媒体资产，而美国在线却没有。

- **有挫折感。**另一种在推动收购中起到非常重要作用的情绪是挫折感。有两种类型的挫折感会起作用。在一种情况下，一家大公司厌倦了把客户转推给一家小公司，后者可能拥有更好的技术，或者可能只是有一个更灵活的团队。大公司决定收购小公司的意图是摆脱竞争对手。

另一种更常见的挫败感是，当一家大公司试图打造一个功能或产品，却在提供一个可行的或有竞争力的产品时一再失败。大公司的高管们终于对自己的员工或管理者感到失望，他们说："让我们直接买下那个团队，他们知道自己在做什么，而且已经打造出了比我们更好的产品。"

两种情况都要注意一点：时间就是一切。在高管团队陷入"挫败感"之前，如果你想把公司卖给他们，你可能会得到的一个答案是，"我们正在打造自己的产品，它会非常棒！我们需要你做什么？"然而，后来这家公司因缺乏执行能力而感到沮丧，于是返回来要收购你的创业公司。

- **有迫选型行为——要么收购，要么放弃。**迫选型行为是一个有趣的现象——它是"沮丧"情绪原因的一个子集。在网络时代，这样的例子有很多。

一位CEO厌倦了被问及他们的"互联网战略"，因此他收购了一家互联网公司，并能够说（当然不是真实的意思）："这个选项被覆盖了（我们拥有互联网战略了）。"在复选框式的收购中，不仅是被收购方的产品、服务或技术比收购方更好的问题，收购方要给选项打钩（表明已经拥有了或做了），然后继续前进。

当我的文档处理软件公司CambridgeDocs公司被公共文献出版公司（Document Sciences）收购时，我目睹了这一点。作为一项技术，XML

（可扩展标记语言）不断地被问及。我想他们已经说到点子上了：“如果我们能买一家XML公司，那就一定会在这个选项上打钩。”所以他们收购了CambridgeDocs公司。后来，公共文献出版公司被易安信（EMC）的Documentum部门收购，我们的小产品在这个更大的部门中消失了。回过头来看，我并不确定他们是真的需要我们的产品，还是因为希望能够告诉别人，他们已经有了XML，因为他们已经获得了XML方面的专家！

- **想做世界之主。**有时，对于一个新生的行业，总有有个性的人想要“主宰”市场。现在，正如我们在“陷阱2：创业动机就是多赚钱”中看到的，不同的创始人有不同的主要动机，而且他们通常不是为了钱。

有一种特殊类型的创始人，他们雄心勃勃，希望占据主导地位。他们通常会收购一些公司以确保他们被视作这个市场的主导力量。这是一种在兼并重组过程中经常发生的情况：一家资金充足的公司将收购或兼并一些规模较小、分散的公司，以建立在这一领域的主导地位。曾几何时，炙手可热的新创企业都是汽车公司——道奇、雪佛兰和福特等。通用汽车成立之初的理念是，它可以将这些中型创业公司整合成一个超级巨兽。由此，通用汽车成为世界第一大汽车公司。这些组织机构中，非常强调“做第一”。

- **想拥有闪亮的新玩具。**有时候，一个CEO想收购一家公司，把它作为“未来”的一个例子来炫耀。现在，你可能会认为这和“复选框”的动机是一样的，但事实并非如此。在复选框方法中，最主要的动机是勾选复选框并“让它消失”。当“闪亮的新玩具”成为动机时，公司就会大张旗鼓地炫耀新的收购，花时间谈论未来、展示收购公司的CEO是一个多么有远见的人。当脸书以20亿美元收购虚拟现实技术公司Oculus Rift公司时，很多人都表示不解。虽然虚拟现实在社交环境中确实有发展前景，但这家公司与脸书业务缺乏直接关联，使得它看起来就是马克·扎克伯格想要一个“闪亮的新玩具”。

● **想要安全感。**很多时候，一家公司和另一家公司之间存在关联，想通过一次小规模的收购甚至是一次人才并购将该公司的员工和技术收入麾下。虽然表面上的原因是为了获得产品/技术或团队，但驱动它的潜在情绪原因通常是确保供应商安全。因为较小合作伙伴的团队或技术不是本公司“旗下的”，他们理论上是可以与竞争对手合作或做其他不相关的业务。

这种收购通常发生在双方关系良好的时期，收购方不想冒关系破裂的风险，最终与被收购方成为竞争对手。例如，当我的文档处理软件公司CambridgeDocs为Arbortext构建一个重要组件时，我们被视作一个重要的供应商。在Arbortext被参数科技公司收购后（如前所述，以2亿美元收购），无论是参数科技公司还是Arbortext团队都不希望我们构建的组件伴有任何风险（这是一种获取现有文档并将其导入XML的方法）。结果，我们也被卷入收购谈判。我们最终没有推进收购，但这是“确保供应商安全”的一个很好的例子。

● **掩盖自己的尴尬。**有时，一家公司的CEO（或管理团队或董事会）意识到他们错误地估计了市场。他们原来的产品，虽然可能是一个好产品，却没能卖出，或是他们原来的目标市场还没有打开。为了挽救公司，也是为了保住自己的声誉，他们四处寻找转型产品，因此，他们收购另一家公司的产品，用以掩盖自己的尴尬。这类似于挫折论，只不过在受挫的情况下，收购方还是试图打造自己的产品；在尴尬的情况下，公司可能已经完全错过了市场机会，或者他们可能意识到，他们目前的产品生命周期即将结束，他们需要一个新的、不断增长的产品来保持存在感。

我们的创业工具5是一个清单，它能让你对潜在收购者感兴趣的潜在情绪原因进行排序。

创业工具5：收购的真实（潜在的、情绪上的）原因

为什么收购方______________（x）对收购你的创业公司感兴趣？

请从1（最重要的原因）到5（最不重要或不适用的原因）排序。

对每个潜在收购者重复上述步骤。

__________害怕错过

__________挫折感

__________有迫选型行为

__________想做世界之主

__________想拥有闪亮的新玩具

__________想要安全感

__________掩盖自己的尴尬

通常情况下，这些情绪原因的组合构成了收购的基础，只是大多数CEO或管理团队并不完全诚实或坦率地对待这些情绪原因。

创业成功的秘密17

理解"逻辑上"陈述的收购理由和"情绪上"未能陈述的收购理由，并利用这些优势。

你可以使用前文介绍的两个清单，创业工具4：陈述（逻辑上的）收购原因和创业工具5：收购的真实（潜在的、情绪上的）原因，来比较和对照他们"说"什么和真正驱动他们的原因是什么。

为什么理解买家的动机很重要？它将帮助你了解在哪些地方可以讨价还价，在哪些地方不能。例如，当DeNA公司在2010年收购我的公司"游戏观

察”工作室时，我们认为这是因为我们公司是盈利的、有真实的收入。

结果，DeNA公司根本不关心我们的利润（这对一家价值10亿美元的公司来说是九牛一毛）。我们不知道的是，他们（同时）正在谈判一项更大的交易——收购梦宝谷作为他们的“游戏平台”。我后来才知道，他们之所以想收购我们，是因为我们的用户数量在增长，因为我们有能力在他们的新平台上构建游戏，以及作为一种对冲，以防（更大的）交易没有通过。如果我们知道这一点，我们就可以协商更高的估值，因为他们实际上并不关心我们的利润。

陷阱17

最佳的变现方式是出售或上市

在硅谷及其他地区，大多数科技公司的讨论都集中在两种退出的可能性上：收购或首次公开募股（IPO）。

把重点放在收购上是有意义的，因为大多数科技公司的产品一段时间内在市场上很受欢迎，但很少有一种产品能使公司长期赢利，并使公司得以上市。我认为，科技界90%以上的成功来自被一家更大的科技公司收购，无论是被像微软、谷歌、脸书、亚马逊这样真正的大型上市公司收购，还是一家正在进行IPO的中型私营公司收购。

由于技术变化如此之快，在创新放缓、是否能得到持续关注的前景不明朗时，一些上市公司随后也被收购或“私有化”。举个例子：领英和雅虎，这两家公司上市多年，最终分别被微软和威瑞森电信收购。

另外，IPO的受欢迎程度会随着股市的起伏而变化。在20世纪90年代的互联网时代，尽快使公司上市是最好的选择。这些网络公司中的大多数都没有利润（有些几乎没有收入），但股价因狂热的网络泡沫而被抬高。在接下来的十年里，虽然有IPO，但股价不再那么疯狂。事实上，像谷歌（后来还有脸书）这样的一些公司曾试图尽可能长时间地保持私有化状态——直至证交会表态，他们股东太多，必须成为一家上市公司。

2008年金融危机来袭时，IPO风潮再度升温，导致美国出台了许多针对上市公司的新规——这是对华尔街许多丑闻的回应——由此制定出对上市公司更严格的要求。结果，许多公司决定延长私有化时间，不仅募集A轮融资，还募集B轮、C轮、D轮融资，有时甚至募集E轮融资，估值不断提高。这就是“独角兽”一词的由来，它是指一家成立不到10年、价值超过10亿美元的私营公司，我们在“陷阱1：建立一个10亿美元的公司”中已经谈过这个概念。

虽然针对这一阶段的大多数建议都是关于出售公司（最有可能的结果）以及许多创业大师都专注的IPO的，但本章讲述的是金融危机后IPO匮乏期间出现的另一种选择，这是公司获得流动性的一种新方式，在硅谷已经很流行。这就是我鼓励所有创业者在他们公司发展的某一刻，要认真看待私人二次销售的原因。

没错，你可能不需要为了套现而卖掉你的公司或IPO。事实上，通过二次销售，你可以实现部分套现，同时还能保持增长为以后的IPO或未来大规模收购蓄力。从本质上说，它能让你两全其美。

IPO并不是一种退出

我们大多数参与创业的人都曾一度幻想过自己的公司上市。毕竟，正是上市让微软、苹果、谷歌、脸书和其他许多知名公司的早期员工成为千万富翁（就创始人而言，就是亿万富翁）的。据报道，微软创造了12000名百万富翁（尽管这主要是因为IPO后股价上涨）。据估算，仅在2019年，通过优步等公司的IPO，硅谷就创造了5000多名百万富翁。当然，不仅仅是科技公司——麦当劳被称为创造百万富翁的历史冠军，据估计，麦当劳在IPO后创造了25000名百万富翁。

当我与人共同创立我的第一家创业公司时，我错误地认为上市的过程实际上是把钱放进创始人的口袋里。这有可能，但IPO实际上是一个融资事件——就像从风险投资家或天使投资者那里募集资金一样，并不是退出事件。

这意味着，就像任何其他融资一样，投资者会对公司有一系列的预期，投资者会期望公司实现这些预期。私人融资和IPO的两个主要区别是：

（1）首次公开募股的投资者人数要多得多。

（2）这些股票可以在公开市场上自由交易（有一些限制）。

首次公开募股通常意味着公司向“公众”出售新股，出售的收益归属于公司。事实上，百万富翁和亿万富翁并不总是在IPO中造就的——而是因为创始人在公开市场上持有特定价值的股票，但不被允许立即出售他们的股票。例如，比尔·盖茨在微软IPO时的股票价值为3.5亿美元。正是这家公司在IPO后的表现，让盖茨和他的联合创始人保罗·艾伦成为亿万富翁。

当然，这也是许多创业者和风险投资人在互联网热潮中上市时所犯错误的一部分。如果一家上市公司没有业绩，或者如果股票市场的总体趋势正在发生变化，那么新上市公司将是第一批股价暴跌的公司。这种情况经常发生在2000—2001年互联网泡沫破灭之后，以及2008年金融危机期间。

受影响的不仅是上市公司的创始人。他们所有的员工（包括他们收购的公司的那些创始人）也受到了影响。我记得与迈克尔·卡西迪（Michael Cassidy）的一次谈话，他是一家提供搜索引擎服务公司Direct Hit公司的CEO。该公司在互联网最疯狂的时期，以5亿美元的价格被Ask Jeeves（一家人工操作目录索引的著名搜索引擎公司）收购。当股市崩溃（尤其是网络公司崩溃）时，他们得到的5亿美元股票损失了90%。前面，我给出了网络托管公司Exodus公司的例子，在1999年12月互联网泡沫高峰的时候，我们以2.8亿美元的价格把Service Metrics公司卖给了它。Exodus公司随后损失了100%的市场价值。

风险投资人所持有的股票，通常没有任何限制，可以在IPO时（或刚上市不久）出售。创始人的股票通常被锁定至少180天（6个月），有时甚至更长。另外，如果你是一家上市公司的CEO或创始人，你不能一下子卖掉所有的股票。为什么？如果你不再相信股票会上涨，这对投资者来说是一个坏信号！

有时，为了解决这个问题，一家新上市的公司会安排一次二次上市

（secondary public offering），这时不仅会向公众出售公司的股票，还会以受控的方式出售创始人、员工和一些投资者的股票，作为发行的一部分。

这里传递的信息是，尽管IPO至少在纸面上会创造巨额财富，但IPO是一个融资事件。以下是需要记住的几点：

（1）IPO趋势要求今天的公司在上市前有更多的收入（在某些情况下，还有一定的利润）。

（2）IPO规则和条例使得90%的科技公司不太可能进行IPO。

（3）首次公开募股不是退出。这是一个融资事件，估值将伴随着一系列预期。

（4）首次公开募股后一段时间内，你可能无法出售股票。

IPO的好处是，上市公司的价值通常比私营公司高得多，你知道你的股票到底值多少钱，而且你可以（理论上）随时卖出。

与收购相比，IPO的好处在于，当你的股价在上市后上涨时，你可能会赚更多的钱（作为一家公司，假设你有持续良好的表现）。当然，如果你持有股票的股价暴跌，你最终可能赚不到多少钱，而且你也可能希望自己早就卖掉了公司！

你需要在出售公司的无风险方法（假设你出售公司是为了现金，我们将在“真相5：预付现金比股票或盈利收益好”中进一步讨论）和通过首次公开募股上市的风险方法之间进行权衡。首次公开募股可能更有利可图，但风险也大得多。这就是为什么第三种选择（私人二次发售）值得考虑。

什么是私人二次发售

二次发售是指私人公司的股东（通常是创始人之一、早期雇员或早期投资者）将其股票出售给另一个买家。私人二次发售是指将股权发售给另一个私人投资者或一组投资者（在公司上市之前）。

二次发售通常（尽管不总是）发生在创业公司获得了可观的收入或受欢迎程度，并被视作其市场的领导者、处在IPO或重大出售的过程中。由于该公司经营良好，大多数二次发售涉及数百万美元，甚至数千万美元（也许数亿美元）。它们不同于“首次”发售，即公司向投资者发行新股，出售所得直接归属于公司。

在首次和二次发售中，投资者都在买入股票。这两种销售方式的主要区别是：

（1）出售股票的收益去向。

（2）股票是新发行的，还是归他人所有。

（3）通常情况下，在二次发售中，从创始人或员工处获得的股票是普通股，而且有限制。

是什么驱动二次发售

如前文所述，二级市场之所以在硅谷大受欢迎，一个主要原因是2008年金融危机后IPO数量减少。如今，创业公司通常只有在收入达到1亿美元或以上时才会上市。换句话说，它们的私有化时间更长，需要获得更多轮股权融资。在这几轮股权融资中，创业公司的估值达到了数亿甚至数十亿。

随着后续轮次中的数字越来越大——从A轮到B轮再到C轮或D轮——金额也越来越大。例如，Zynga公司在首次公开募股前进行了一轮4.9亿美元的融资。据媒体报道，这包括为创始人的股份和希望股份套现的早期员工预留的一定数额。优步、脸书、推特、拼趣、Palantir（一家大数据公司）这些知名公司在上市前的估值都远远超过10亿美元。

推动二次发售的主要因素有：

（1）公司股票供求。当一家公司经营良好时，投资者希望获得该公司的股票，但一家创业公司可能不需要融资，也可能不想通过出售股票来稀释现有股东，因此其股票可能很难获得。

（2）早期股东的流动性。员工很少会在一家公司待上许多年，但一家成功的创业公司可能在五到十年内都没有IPO。时间太长了。

（3）风险与股票上涨（针对创始人）。从创始人和早期员工的角度来看，私人二次发售是个两全其美的办法。你从公司获得了所有权凭证，且降低了风险，而且你仍然为股票上涨预留了很大空间——所有这一切都不必经过让公司上市的那种劳心费力（和风险）的过程。

（4）风险与股票上涨（针对投资者）。由于创业公司的风险太大，在硅谷的一些投资者和私人股权基金已经意识到，购买一家已经成功并即将上市公司的股票，最终会与在早期投资一家有风险的创业公司一样有利可图。尽管参与其中一轮后期轮次融资的回报率可能不高，但公司倒闭和你亏损的可能性较小。

谁会购买二次发售的股票

当我同创业者谈及有关二次发售的时候，他们问我的第一个问题总是，我能把股票卖给谁？

答案是：投资创业公司的人。以下是我见过的参与购买二次发售股份的不同群体的概况。

- **公司现有的和新的投资者。**在私募二级市场中最受欢迎的买家，通常是现有投资者或参与新一轮融资的新投资者。为什么？因为这些投资者对公司很了解——他们对公司做了尽责调查。如果公司运行良好，那么投资者希望尽可能多地购买该公司的股份。

一些投资者甚至确定了他们想要达到（或维持）的特定比例门槛——例如，一些人喜欢保留公司20%的所有权。我见过这样的风险投资协议（不是实际的数字），其目的是将一级和二级股票结合起来，得到他们想要的百分比。

（1）原始股：投资者x和y将向公司投入1800万美元，并获得新的C系列优先股（占公司15%的股份）。

（2）二级市场股票：投资者x和y将从现有创始人、员工和投资者手中购买不超过600万美元的普通股，并取得公司另外5%的股份。

- **匹配网站和微基金。**有许多专门从事二次发售的网站和组织，其中三个分别是Shares Post网（美国一家非上市股票经纪自营商）、二级市场网和Micro Ventures网（一家众筹公司）。这些网站通常是“匹配”的网站——经过策划或未经策划的。在未经策划的版本中，你发帖说你想出售（或购买）x公司的股票，如果有足够多的买家（或卖家）相匹配，那么该机构就会组建一家有限责任公司（LLC）来购买这些股票，或者只是将买家和卖家相互介绍。

- **二级专项资金。**仅在硅谷，每年就有数千家创业公司成立。成功进入A轮的公司很少，成功进入B轮或C轮的公司更少，进入最后阶段轮次D轮、E轮或IPO的公司更是凤毛麟角。几年前，投资者意识到，他们可以通过投资少数几家已经进入IPO轨道的公司来降低风险。他们赚的钱不如那些公司的早期投资者，但他们承担的风险要小得多。这就是大多数后期私募股权和风险投资公司的逻辑。然而，近年来，几家基金公司成立起来，如Industry Ventures公司，专门用于购买那些已经启动的创业公司的二级股票。

- **私人投资者和特殊目的公司。**在许多情况下，有一些私人个体愿意购买一家业绩良好的热门创业公司的股票。例如，2008年股市崩盘后，我当时在斯坦福大学读商学院，脸书的一位早期员工想出售他的股票，我在硅谷认识的一些人就参与了这项购买他股票的计划。当时脸书的估值已经达到40亿美元。对于一家没有任何利润的私人公司来说，这是一个天文数字。当然，几年后它上市的时候，它的股票估值是1000亿美元，这是有史以来公司上市时的最大估值！这是通过一个特殊目的载体（SPV）完成的，它是一个由投资者专门为购买脸书股票而成立的有限责任公司。

- **投资银行。**在一个特殊的案例中，我们曾经聘请了一位投资银行家，出售我们在一家规模非常大的创业公司的股票。投资银行只有在交易数额足够大，使其收费有意义，或是为了与卖家建立关系时，才会对二级市场感兴趣。一些投资银行更善于帮助你与特定买家谈判出售股票，而其他投资银行可能更善于寻找买家，因为他们拥有一系列客户。一定要做背景调查，找出投资银行擅长什么。

再谈估值

所以，创业者们的下一个问题通常是，我的股票能卖多少钱?

是时候重新讨论最重要的估值问题了。在我的第一次融资中，我们的创业公司——“头脑风暴技术公司”的前估值为500万美元。由于我和我的联合创始人拥有公司的大部分股份，我认为这意味着我们是千万富翁，至少在纸面上是这样。正如我们在“创业模型4：圆饼与高杆”中所看到的，这是因为我们不了解估值的内涵。

对于那些想出售股票的创业者，这里还有另一个误区，即同股同价。这也是要命的误区，甚至更为致命，因为，创始人持有普通股，投资者持有优先股。这意味着投资者支付的每股价格，购买的是优先股——无论是种子轮、A轮、B轮、C轮、D轮优先股（或更高）。它与你所出售股票（普通股）的价格不同。优先股意味着投资者在任何出售或清算中都会首先把钱拿到，这就是为什么它的价值更高（在创业初期要高出很多）。

让我们在创业模型9中，看一下这种动态以及它如何影响创业公司生命周期中的二次发售价格。

创业模型9：二级市场估值——普通股与优先股

如果一家创业公司最近刚刚进行了融资，或者正在计划进行已完成估值的融资，你会认为你的股票的价格就是投资者购买它的价格。例如，如果某公司以1亿美元的投资后估值进行了C轮融资，并完全稀释了5000万股股票，那么上一轮的价格是每股优先股为2美元。

那么你的普通股值多少钱？这取决于公司的发展阶段以及你离IPO有多近。事实上，当公司对员工的期权行权价格进行409A估值时，估值往往故意保持在较低水平——通常为优先价格的10%～33%。这是为了让员工以尽可能低的价格获得股票，并考虑到普通股股东可能永远无法收回任何资金的风险。

随着公司的成熟和IPO的进行，普通股变得越来越有价值，接近优先股的价值，如图17-1所示。一旦公司上市（或即将上市），优先股和普通股价值基本相当。大多数投资者会在首次公开募股时将优先股转换为普通股，这就是为什么两者的比值在那个阶段是1∶1。

相应地，如图17-1所示，图形从种子轮融资的10%开始。如果你在一家融资的创业公司，你可以问他们募集了多少资金，估值是多少，409A条款的执行价是多少。409A条款的价格由董事会设定（通常基于外部估值公司的建议），是向员工发行期权时使用的行权价格。

当公司进行A轮融资时，理论上公司的风险已经较小，但仍然有风险。较好的估值是：普通股大约为A轮价格的33%是合理的。从图中你也可以看到粗略估计。

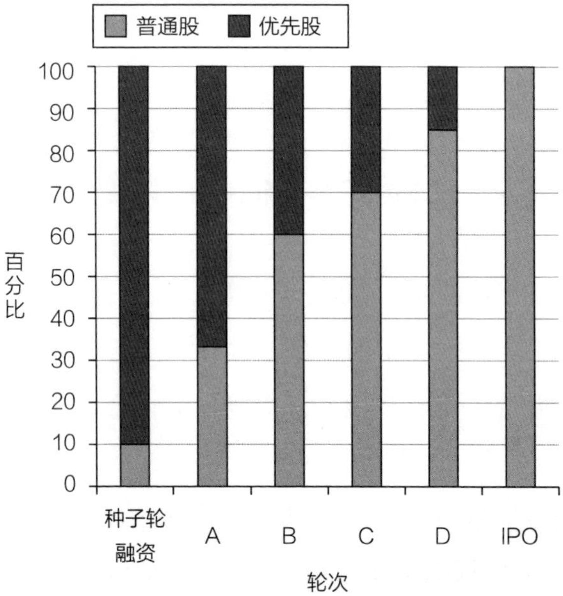

图17-1 普通股与优先股的价值

我最近看到一份D轮融资风险投资协议，其中包括二次发售，普通股的价格是优先股价值的80%。这更像是一门艺术，而不是一门科学，但在我所见过的大多数二次发售中，最后一轮优先股股价是B轮的60%，这是一个非常好的经验法则。这个数字的上升或下降取决于公司所处的阶段、公司的热度以及不同轮次的具体偏好。

创业成功的秘密18

出售通常会限制你的上行空间。首次公开募股是可能发生的，但可能性很低，并带有重大风险。降低你的风险并保持上行空间的好办法是做二次发售！

对创业者、早期投资者和员工来说，二次发售是非常好的选择，因为当一家公司表现良好但并不是退出在即的时候，二次发售可以提高股票的流动性。这可能是因为风险投资人不想出售（他们正在推动你在未来以10亿美元的价格退出），也可能是因为IPO窗口关闭，或者没有你真正想合作的收购者。

传统上，大多数风险投资公司都不希望创业者在公司成长的同时卖出任何股票。我记得20世纪90年代的一位风险投资人告诉我，我不应该卖掉自己的任何股票，相反，我应该抵押房子，把这些钱也投入创业公司！我很疑惑，把自身90%的财产投在一家风险高、流动性差的创业公司还不够冒险吗？

近年来，二次发售越来越受欢迎，尤其是对于那些股票需求旺盛的创业公司。此外，风险投资对创始人在随后几轮融资中出售股票的行为也有了更多的了解——对创业公司可能带来的个人和财务压力也更加敏感。如今，说你想卖掉足够的股票来买房并不是件坏事。但如果你没有住宿方面的困难，那么你更有可能继续发展公司，以获得大多数投资者渴望的数十亿美元以上的退出，而不是在某个早期阶段就出售公司。

在我看来，二次发售提供了两全其美的解决方案：它让创始人感到安心（无论发生什么，他们都不会在一瞬间失去所有财产），同时还保留了巨大的上行空间（因为你仍然拥有你的大部分股份）。

二级市场有很多不同的买家，但最常见的是已经在该公司投资过的投资者，因为他们了解该公司，可以轻松地接受这个价格。然而，有很多方法会使二次发售变得复杂，所以在承诺进行二次发售之前，一定要了解你公司股票的具体情况、投资者权利协议等。

真相5
预付现金比股票或盈利收益好

如果有一家公司找到了你，这家公司很看重你白手起家干起来的事业，他们想收购你的公司。除了交易的总价，最重要的问题是对价如何分解。

在理想的情况下，有人报价给你，比如说，以2000万美元收购你的公司，所有的钱都会以现金的方式在收购结束的那天打入你（以及你的联合创始人和投资者）的银行账户里，每个人都很欣喜。

不幸的是，这种情况很少发生。

在20世纪90年代末的互联网时代，许多公司以相当高的估值（数亿美元）出售给估值更高的上市公司。在这些情况下，对被收购方股东的补偿通常是100%的股票，也通常是上市股。这在理论上和现金一样好，但实际上常常是受限制股。

这些人（被收购者）在交易后有多高兴，通常取决于锁定期后的股票表现。如果那次退出临近2000年的大崩盘，那么在被收购者有机会出售他们的股份之前，这只股票价值很可能已显著下降（如果是一些公共网络相关公司，将变得一文不值）！

第六阶段 地狱与归来：创业生死的陷阱

这是英雄的至暗时刻。他必须面对他最大的恐惧，并动用他的所有技能和经验来克服他最困难的挑战。只有通过某种形式的“死亡”，他才能复活，就如同经历一种赋予他更大的力量或洞察力，以完成他的使命或达到他的旅程的终点。

英雄再次穿越了两个世界之间的阈限，带着他获得的宝藏或圣水回到平凡的世界，他现在可以用这些宝藏或圣水来造福他的同胞。英雄自己也会因历险而改变，在两个世界里获得智慧或精神力量。

第六阶段概述

在最后一个阶段，我借用并结合了坎贝尔《英雄之旅》的两个阶段：地狱之旅和回归平凡生活。尽管创业大师会告诉你，成功或失败只是找到市场或产品契合并加以实施的问题，但大多数经历过创业历程的创业者都会告诉你，还有另一个更个人化的因素。那就是情绪的世界——充满了希望、愤怒、恐惧和贪婪——当事情进展不顺利时，它们是如何在“黑暗时代”出现的。

地狱之旅概述

在大多数神话历险中，英雄都必须面对某种形式的死亡。这可能发生在造访真正的冥界时，就像奥德修斯一样，他必须穿过冥界才能实现他的目标；也有可能是一次肉体上的死亡，就像《指环王》中弗罗多经历的那样；也有可能发生在去“地狱”的旅途中。

在创业历险中，你也必须面对所谓的死亡。虽然它可能没有一个人的死亡那么可怕，但当你踏上这段旅程时，创业公司的死亡近在咫尺。就像弗罗多和山姆在魔多旅行一样，死亡可能就在下一个角落降临。

我在书中加入这一部分不是为了吓跑任何人，而是为了帮助你认识到创业历险的真正宝藏可能是，也可能不是金钱上回报。相反，它可能是你在这次旅程中获得的对于你自己和你的同伴的洞察力，以及旅程结束后带来的完整人生。坎贝尔在英雄之旅中提到的灵丹妙药，是几乎所有踏上这段旅程的创业者都能带回来的东西，而不管财务结果如何。

不谈黑暗时期，也不谈伴随创业而来的压力，这样的创业书籍忽略了创业过程中最重要、最基本的一部分。许多神奇的灵丹妙药——我从创业中获得的智慧和观察力——大多来自我面临的即将到来的死亡，害怕自己会“失败”的时候。

回程概述

此外，创业之旅结束后你要做的和旅途中需要做的一样重要。虽然有很多关于创业成功的文章，但很少有关于创业之旅结束时你要做什么的文章。

《指环王》中托尔金最喜欢的部分之一是对夏尔的搜寻，或者说是“回归”凡人世界。在历险快要结束的这一章里，在打败了“大坏蛋”（黑魔王索伦）并帮助阿拉贡再次成为刚铎的国王后，霍比特人回到他们自己位于这个世界的小角落——夏尔，发现他们自己已经变了，夏尔也变了。他们现在必须把在“大冒险”中获得的技能用在自己的“小冒险”中——在这一世界中属于他们自己的小角落里打扫屋子。

无论创业历险中发生了什么，你会发现自己已经被这段旅程所改变。通常这是因为经历了地狱之旅，它迫使你去面对你最黑暗、最深的恐惧和不安全感，克服多年堆积的压力。一些创业者决定不再创业——这可能是因为他们赚了足够的钱，也可能是因为他们不想再次面对压力。或许你可能会决定，就像我第一次创业后做的那样，你不想再做一家由风险投资支持的公司。或许你也可能决定成为一名投资者或导师，帮助其他历险者团队踏上创业之旅。

然后你将转换身份，从英雄到导师或阈限守护者。这很合适，因为只有这样，你的经历才是完整的。

陷阱18

创业很辛苦

我第一次知道创业是一项艰苦的工作，还是在麻省理工学院读本科时。

那时，关于创业公司的书还没有现在那么多。我记得曾经读过史蒂夫·乔布斯把他的麦金塔团队推到了悬崖边，让他们在惊人的15个月内创造了Mac操作系统和硬件的“奇迹”。

我还读到了比尔·盖茨和保罗·艾伦开发他们的第一个版本BASIC，他们在艾伦从波士顿去新墨西哥州送给埃德·罗伯茨（Ed Robers）看之前完成了这个版本。罗伯茨是MITS公司的创始人，MITS公司生产的Altair牌电脑是当时市场上最早的个人电脑之一。我被盖茨如何通宵达旦在仿真器上创建BASIC的故事迷住了：当时，他们并没有Altair电脑，而且盖茨第二天就要去美国新墨西哥州的阿尔伯克基演示产品，并向罗伯茨展示微软是一家拥有真正产品的公司。

这些直到深夜还辛苦工作的故事对我来说并不可怕。我当时在想：我能应付长时间的工作，毕竟，作为麻省理工学院计算机科学专业的学生，我对此已经习以为常。我在学校的时候，常和我的同学们工作很长时间，经常熬夜，以便在最后期限那天早上把作业交上去。通常，我们会带着一副茫然的表情走进教室，就是那种一个人在电脑房里待了好几个小时的状态。显然，其他正准备交作业的学生也整晚没睡！

从麻省理工学院毕业后不久，我们开办了第一家创业公司——头脑风暴技术公司，我家客厅就是我们的办公室。就如俗话中所说的“两个人一个车库”。我在我的第一本书《禅宗创业精神》（*Zen Entrepreneurship*）中，描写了我们花很长时间打造我们的第一个产品，这是微软非常流行的Visual Basic和IBM的Lotus Notes平台之间的一个链接。我们的工作很有规律——熬夜到凌晨3点，并在8周内构建出产品。我们重复了盖茨的壮举，在我们第一个产品首次发布会的前一天，一直工作到深夜。

这段时间我们的压力很大。显然，第一次创业需要做很多艰苦的工作。但我们并不孤单，因为大多数创业公司都需要努力工作。所以，这个建议怎么能不真实呢?

压力才是真正的困难

我有许多同学从事投资银行和管理咨询工作。虽然他们是公司的雇员，没有股权，但他们的工作时间也很长，很辛苦。

事实上，他们会工作到深夜，就像我们一样，但有一个很大的区别：他们必须很早起床，在早上9点之前（或更早）西装革履地来到办公室。而我们熬夜到凌晨3点后，想什么时候起来就什么时候起来，只需逛到客厅就开始工作，不必穿西装。

在创业的第一年，我们从两个人发展到了十个人，我们有了自己的办公空间，我注意到，这时的工作比我们两个人在客厅时要轻松些。但我也注意到另一件事：我们的压力更大了，而不是更小了。

这种压力在我的身体和情绪上都有体现，我担心我们下个月的收入能否达到我们的期望。

与我和我的联合创始人都是单身不同，我们许多员工都已结婚，有孩子，还有抵押贷款。我们当时的现金流少得可怜，一点差错，就能让我们发不出工资。如果我们不能发工资，那么我的员工就不能支付抵押贷款、房租等。

后来，随着我们募集到风险投资资金，资金压力消失了。我们银行里的钱足够发一年或更长时间的工资。我记得在我们募集的第一笔100万美元到账后，我和联合创始人米奇和伊凡一起看银行对账单，惊叹不已。我们一生中从未见过七位数的银行存款余额。压力似乎消失了，可只有一会儿。

几个月后，我注意到压力又回来了，它再次表现为我身体的紧张。当我后来反思时，我意识到它表现为恐惧、担忧和焦虑的情绪，这些情绪几乎难以抑制。无论我走到哪里，它们都始终伴随着我，虽然我没有公开谈起过它们。

这一次，我的压力不在于发工资（因为我们银行有大量现金），而在于实现我们的预期。在募集风险投资资金时，我们已经对增长做出了非常积极的预测，但我们还没达到。慢慢地，我们面临着越来越大的压力，要通过第四季度的巨额增长来弥补之前的收入不足，这时压力开始积聚。而后，我们没能达到预期，损失开始增加，压力和担忧也随之增加。

惊恐中，我找到了一个办法来削减成本，让事情回到正轨，一切就此变好。我因此受到了鼓舞，开始削减团队，集中精力，一切变得更好了。可只有一会儿。

压力又来了。每一次我们募集到资金，或是找到新客户，或是成功推出新产品，压力似乎都会消失一段时间，可在几个月后又会回来！

经营一家风险投资人支持的公司的压力与自力更生的压力大不相同，这有些微妙。作为CEO，我觉得我有责任确保公司为投资者赚钱，为员工提供就业，并且实现我们疯狂的增长预期。

这是我第一次意识到创业是艰辛的，创业公司之所以艰辛，真正的原因并不是工作时间太长。许多工作都要求很长的工作时间，但这与创业公司的创始人所面临的长期的心理和情绪压力大不相同。此外，成功和失败的创业者的工作时间都很长。

更确切地说，这是关于期望的压力——这些期望只能由我们自己，放在我们肩上！每次我们向投资者推销公司，每次我们拿到钱，每次我们聘用员工，我们都会对自己寄予期望。每次我们做这些事，都暗含着这样的期望——公司可以在资金耗尽前打造出一个产品；卖出足够数量的产品来支撑每个人的工资；在资金耗尽前再募集一轮融资，等等。

虽然我们能够控制工作时间，能够控制是否打造出产品，但市场是否会接受我们的产品，投资者是否会投入资金，某个客户是否会按照你的方式行事，或者某个公司是否会收购你的公司，这些是难以控制的。所有这些决定创业成功与否的因素都会受到创业者的影响，但他们并不是真的在你的掌控之下。

创业也可以很轻松

我在第一家创业公司工作期间，有一天我坐火车从波士顿到纽约，拜访我们市场上另一家知名的创业公司，名为Kinderhook System。它由麻省理工学院的一位校友马克·汉森（Mark Hansen）建立，他当时比我们有经验。

下午6点左右，快要下班的时候，我参观了他在曼哈顿的办公室。我知道Kinderhook是我们市场上较为出名的系统集成商以及咨询公司之一，所以我希望看到房间里挤满了准备工作到深夜的人。

相反，我看到这是一间宽敞舒适的办公室，里面几乎空无一人。大部分员工都回家了，很明显，其他大部分员工也都在外出的路上。马克欢迎我到他的办公室，我们坐在一起聊着这个行业。当我问他对公司的计划时，他告诉我他虽然从一个收购者那里得到了一个利润丰厚的报价，但他决定拒绝。

我很惊讶。首先是因为他看起来很放松，其次是因为他的员工没有疯狂地工作，最后是因为他拒绝了以数百万美元现金收购公司的报价。

他解释说，他在创业初期就决定聘用那些有经验的人，那些人要在下午5点或6点下班回家，与家人在一起共度美好时光。那些员工不想出差，所以他把重点放在那些在纽约市或临近纽约市的客户身上。他本人现在已不再做太多的咨询工作了，尽管他刚创办这家公司的时候亲力亲为。

我把这种情况与我们自己的创业公司做了对比，我们的客户遍布世界各地。当然，我们是一家产品公司，他的公司是一家服务公司，所以这使我们在某些方面有所不同，但这并不能解释这种不同的文化。如果加利福尼亚的一个客户要求我们为他们做一些咨询来定制我们的产品，我们通常会说“好的”，然后我的联合创始人或我会坐飞机去加利福尼亚。此外，我们仍然会花很长时间亲自打造我们自己的产品，甚至工作到深夜。

与我们的创业公司——头脑风暴技术公司，以及我遇到和读到的许多其他创业公司相比，马克的创业公司似乎是创业公司狂热海洋中的一座理智之岛。

就在那时，我意识到，不必一直努力工作，也有可能建立一个成功的创业公司。别误会，马克在创业初期工作时间肯定很长，但他建立公司的方式是刻意减轻压力，而不是增加压力！

马克告诉我，他实际上拒绝了那些虽然有利可图但不符合他的标准的客户。这使他能够不用给员工施加不必要的压力。他对自己的公司有一系列不同的期望，他可以不必为达到这些期望而焦虑，但他仍然能够成功。他也没有任何投资者，因此他没有压力让公司达到一定规模或上市。几年后，马克卖掉了他的公司，赚了不少钱，这是因为他拥有公司的大部分股份。虽然按照风险投资人的标准和我们这些试图上市的人的标准来看，这次退出规模很小，但这笔钱足够他当几次千万富翁，因为他拥有公司的大部分股份。

压力从何而来

这个建议背后的真相是，创业是艰辛的——但不仅仅是因为人们要努力工作。通过关注正确的优先事项，你可以找到减少工作时长的方法。即便如此，压力几乎不可避免——无论你是从风险投资人那里募集资金，还是自力更生建立公司。

那么，让我们再问一次，这种压力是从哪里来的？通常，它来自你对成长的期望。你雇了两个开发人员来帮助你构建产品，还有一个质量保证人员，你希望他也能帮助你获得客户支持。你的招聘决定是基于你对自己产品的期望，希望它能赚足够的钱来支撑公司创始人、两名开发人员和一名质保和支持人员。突然间，你有了发工资的压力、你的产品必须成功的压力。

假设你从天使投资人那里募集了50万美元来打造你的产品。这是一个非常典型的种子轮（按照今天的硅谷标准，可能甚至更小），你用它来建立一个开发团队，聘用了一名产品经理，这样你的费用就上升到每月10万美元。内在的期望是，你将在5个月内发布产品，并在早期获得一些受欢迎度，这样你就可以募集到更大的A轮融资，进而推出你的产品。如果你不能募集到A轮融资，你就会压力更大，并面临即将到来的公司的破产。但假设你实现了这些期望，并募集了300万美元A轮融资来帮助你营销产品。现在你可以喘口气了，对吧？

不。现在，你必须建立一个团队，在钱花光之前，使你的产品在市场上获得成功。这说来容易做起来难——至少产品的开发是在你的控制之下，但要使它成功还需要良好的销售、营销、分销，还要有一点点运气和市场时机——这就是为什么我们称第四阶段为“考验之路”！

创业公司界有句老话：通常，事情所花时间是你预期的两倍，成本是你预期的两倍。让一个产品成功也不例外，很有可能你不能实现你的预测，因为它过于激进，但你需要做到这样才能募集到资金。

创业是一种充满压力的经历，但它不是我们人类天生要应付的那种压力。我们的神经系统经过几千年的发展，可以应付压力，比如遇到剑齿虎——一种生死攸关的情况——这会触发人类的“战斗或逃跑”反应。但我们的生理机能是用来应对紧急压力的，而不是慢性压力，创业正是一种慢性压力。

如何管理创业带来的压力？通过确切理解你在每一步为自己设定的期望来实现。每一个聘用决定是如此，你从投资者那里获得每一美元投资也是如此。正如我们在“陷阱7：取得最高的估值”中发现的那样，估值是一种财务预期。但你在创业公司中做出的其他重大决定也是如此！

创业成功的秘密19

管理期望，看《星际迷航》，做瑜伽，在海湾散步。

虽然管理期望可以帮助你避免压力，但在创业过程中还是不可避免地会感受到压力，那么你该如何应对呢？

做日常锻炼、做瑜伽或冥想练习，对此会非常有帮助。我在紧张时的经验是看《星际迷航》、做瑜伽、在海湾散步。

我是《星际迷航》的忠实粉丝，尤其是《下一代》这一集。当然，这部电视剧并没有什么能让我放松的特别之处，它只是一部我喜欢看的电视剧。它带给我美好的回忆，让我忘记创业的烦恼。在我们第一家创业公司——“头脑风暴”公司开发第一个产品时，我们会在晚上10点左右暂停编写代码，观看一两集《星际迷航》，这会刺激我们一直写代码到凌晨。

找一些能让你精神焕发、远离烦恼的事。电视节目很棒，因为你可以在晚上独自面对压力的时候看上一集。

许多顾问会告诉你，你应该定期锻炼。锻炼是有帮助的，你应该做，但仅是锻炼本身可能不足以让你身心放松。

做瑜伽在人压力大的时候特别有用，这不仅是因为它是一种锻炼形式。根据古代瑜伽传统，压力实际上存在于身体和一个或多个能量体中（梵语中称为khosas）。这些清澈的光体中有杂质和缺陷，称之为samskaras（有关心理和情感槽或习惯的梵语），它来自我们对日常事件的反应。在这些传统观点中，造成这些杂质的不仅仅是外部环境，更是我们对它们的反应。听起来很像是产生压力的情形，我们对周遭环境的反应都不一样，或多或少都承受着压力，但每个人承担压力的多少与其他人不同。

你不必相信能量体或古老的瑜伽传统。当你感到压力很大时，你通常能感觉到身体内部紧张。做个按摩，做个冥想，或者只是做做瑜伽，看看你之后的感觉。

你会感觉自己的注意力集中了，能够专注于眼前的任务（即完成下一次营销活动），而不是担心下一次出现的压力，这种压力局面是会一直悬在创业公司头上的（即3个月后我们就没钱了）。

搬到硅谷后，我发现在大自然中散步也能有类似的效果。谷歌所在的山景旁边有一个公园，叫海岸线公园，在那里我尽可能地在日落前散步。这个公园坐落在旧金山湾沿岸，让我觉得自己好像是在千里之外——像是在西弗吉尼亚的山区或类似的地方散步，而不是在熙熙攘攘的世界科技之都。

这些（看《星际迷航》、做瑜伽、在海湾散步）是我缓解压力的咒语——不只要反复地说，还要每天付诸实践。我减压的方法中一个是脑力活动，一个是体育锻炼，还有一个是我可以去减压的地方。你也能找出你自己缓解压力的咒语——在创业历险的任何一天，你都可以做到的3件事！

在任何情况下，建议中所说的创业是艰苦的工作，都是正确的。但几乎无一例外，创业之所以艰难，是因为创业挑战给我们的身心带来了压力。压力不仅来自长时间的工作，还来自我们对市场对产品做出反应的预期——试炼之路。如果你有一点敏感和警觉，毫无疑问，在产品出来后，你会感到压力比之前更大。这个时候，找一个能帮你渡过难关的常规做法——记住你的缓减压力咒语！

与黑暗时光打交道：来自风险投资和创业者的建议

创业公司压力很大。应对黑暗时光最好的办法是什么？风险投资人布拉德·菲尔德和创业者亚历克斯·哈罗给出了一些有价值的建议。

布拉德给出了几个简单的建议：

（1）你并不孤单。不要被这样的想法所困惑，即不知为何，这件事发生在你身上，而不是在别人身上。

（2）面对现实，每天都要面对现实。不要否认正在发生之事的真实性。它可能是情绪化的、很有压力的、痛苦的。

布拉德继续说：“与你信任的人交谈，无论他们是投资者、董事会成员、联合创始人、导师，无论是谁，确保你对自己在业务中以及个人生活中所经历的压力和挣扎持开放态度。因为如果你把一切都藏在内心，事情只会变得更糟。

“一定要休息好。筋疲力尽的人总是做出糟糕的决定，很容易感情用事。但在你有真正艰难的决定要做时，要确保你可以深思熟虑，而非一时冲动。”

创业者亚历克斯说：“即使我们取得了成功，即使我们有数百万的用户，我们也曾发生过一些非常糟糕的事情。我们曾两度没有足够的钱来发下一个月的工资。”

亚历克斯的建议包括：

（1）与团队沟通。“我们对整个团队非常透明，我认为这是非常、非常关键的……你说服人们加入你的创业公司，但公司能否成功完全无法证实，因为股权可能一文不值。即使你对投资者撒谎，也要向团队成员如实反映公司的经营状况。我讨厌那些建立在自己胡说八道之上的团队。

“这可能意味着要说，‘嘿，伙计们！我们银行还有两周的存款。我们真的很接近种子轮交易，但如果它失败了……我可以支付你最后一笔工资，然后我们就得去找工作了’。

“当这种事发生时，我们会和团队成员一直就融资的状况以及进程保持沟通。当时大家调侃‘嘿，这看起来不错，但也可能不会发生’。”

（2）管理期望。“我认为让人感到压力更大的是，任何一个优秀的创业者都会为自己设定自己很难达到的期望。很多人都在谈论失败和快速失败，但知道自己有这些了不起的期望却没能实现，仍然是一件很糟糕的事情。但更糟糕的是意识到这十个人在你身上都下了赌注，你得去面对他们，然后说：‘对不起。我们失败了。’在这样的谈话后再振作起来绝不是容易的事。”

（3）探索所有的可能。“我们肯定讨论过所有的可能真正了解每一种可能达成目标的途径。甚至包括把队伍减少到两个不需要支付工资的人。

“还有很多理性的信念，我们可以继续尝试一切可能达成目标的途径。不管它看起来多么糟糕或令人绝望，继续保持想象力，尝试一切方法。即使这是个疯狂的想法，也要试试看。”

陷阱19

哇，结束了，太高兴了！我再也不会创业了

像许多初次创业的创业者一样，我离开了自己的第一家公司——头脑风暴技术公司，当时我们的投资者和董事会决定，聘请一位更有经验且更专业的CEO。我们的公司已经成功增长了4年。一年后，当那家创业公司倒闭时，我发誓我再也不做风险投资支持的创业公司了。

我还决定不再去当CEO，这是一份压力过大的工作，而且是我大学毕业后的第一份工作之一，它让我经历了快速增长和失望，并且在看到自己多年来建立的事业失败的时候，多少有点压力。

我需要时间减压。我离开波士顿，在加利福尼亚待了6个月。在那段时间里，我和许多循环创业者一样，决定帮助别人把公司办起来，而不是自己再开另一家公司，我在这方面相当成功。

有趣的是，尽管我对这建议“一时冲动”的陈述，与标题几乎一字不差，但我很快发现自己又身兼两个职位——创业公司和风险投资公司的CEO。

这是怎么了？

创业者的土拨鼠日

在许下“誓言”的几年后，当我们建立一家名为CambridgeDocs 的文档处理软件公司时，我发现自己又回到了CEO的位置，尽管我并没有这个打算。

我曾帮助另外两位创始人使公司运转起来，并计划在创业公司只做兼职。我从以前的创业公司赚了一点钱，并且希望花更多的时间写作和做其他事情——也就是说，我想做除了全职经营一家创业公司以外的事情。

我们没有任何外部融资，所以这一次需要付出很大的努力才能让公司运转，当其中一位创始人搬到另一个国家设立我们的离岸办事处时，我勉强同意再次担任“代理CEO”。随着时间的推移，在我很享受没有外部投资者的同时，我开始意识到我们自己是如何因资金束缚而受限。我们不能雇很多员工，也无法为员工（包括我们自己）支付高额工资。

尽管如此，在成功地将其出售给易安信公司的文献科学部门之后，我再次发誓，我再也不做全职创业公司，再也不做创业公司的CEO，再也不做风险投资了！

现在我终于可以继续做“其他的事情”，也就是说，帮助其他创业者、写作，等等。

几年后，当我在斯坦福大学商学院读书时，一位小有名气的创业者来到我们班。他的名字是拉尔斯·达尔加德（Lars Dalgaard），他创办了一家非常成功的SaaS（软件即服务）类公司——人力资源管理软件公司Success Factors公司（那时我们并不知道它，但Success Factors在几年后被收购）。他在演讲中提到，他是斯坦福大学商学院班上第一位上市公司CEO，我看到我的许多同学对此感到非常兴奋。

我记得当时在想：也许这就是许多商学院学生向往达到的目标。就我自己而言，由于我的职业生涯基本上是以CEO的身份开始的，所以对此我有点疲惫。我想要的恰恰相反：一个没有直接下属需要我担心的角色，一个我在做向自己承诺要做的事情的时候，不需要再去分派明确责任的角色。我想我对创业公司已经不感兴趣了，至少不想去经营创业公司。

然而，不知何故，几年后，我发现自己再次成为一家创业公司的CEO，尽管这不是我的本意。出于种种原因，我的联合创始人要我当CEO，于是我们创办了移动社交游戏工作室Gameview studio ，制作了热门的iOS移植游戏《欢乐水族箱》。

我们再一次考虑募集风险投资资金来帮助我们成长。这到底是怎么了？我一直发誓要做一件事，结果却一直在做相反的事！

最后，当我们把游戏公司卖给日本移动游戏巨头DeNA时，我记得我当时在想："好啦，终于完成了。我已经赚了足够的钱，我已经证明了我自己。尽管我不想，我还是再次担任了CEO的角色。现在我终于可以开始做其他事情了。"

在创业之地，如果你坚持某种个性，那么你几乎不可能"完成"这样的事情。在移动社交游戏工作室Gameview studio 成功后，有很多风险投资公司愿意投资我们的下一家创业公司，即使只有一份商业计划。在我离开DeNA不到6个月，因为我和一家知名风险投资公司的关系，我又一次成了CEO，这次是另一家手机游戏创业公司。现在我做了我说过的我不想做的事情：再次与风险投资人打交道！

直到我卖掉了那家创业公司，我才开始忙着做我多年来一直在谈论的其他事情，也就是写书，就像这本书，并且通过我的加速器Play Labs@MIT帮助其他创业者创业。

我的故事可能看起来像是1993年电影《土拨鼠之日》中的一个创业案例，在这部电影中，演员比尔·默里（Bill Murray）必须一次又一次地重复过去的一天，直到他"做对了"！是的，这在创业界并不少见。

关键是，我们在职业生涯中都有自己的行为模式，不管我们是否察觉，这些模式通常受我们个性、优势和劣势驱动。我们中的一些人天生血管里就流淌着创业的血。

深入挖掘这个建议

值得一提的是，不论他们的创业公司在财务上是否成功，大多数最终成为循环创业者的人都会在某个时候说："我受够了创业公司！"

多数创业公司都有两种可能的结果：

（1）创业公司失败（非常常见）。

（2）创业公司被出售。

当然，还有其他结果，包括公司上市或成为盈利企业。在创业公司中，与那些被出售或停业的公司相比，最终能上市的公司比例太小了，所以我在这本书中并没有过多地关注IPO。因此，如果你是一家创业公司的创始人，那么你很可能最终会身处下文中的情形之一。

让我们逐一研究。

当你创业失败时

当创业公司失败倒闭时，很多创业者发现自己压力很大，不想再创业，至少暂时不想，这就是这个建议背后的情绪。

但事实并非总是如此，有些人会说："好啦，让我回来，我能证明自己可以做得更好。"特别是在硅谷和更广泛的创业之地，失败并不总是被人看不起。我们的专家之一、传奇的风险投资家约翰·格林说："硅谷就是按这样的路子打造的，即失败也是可以的。"

你是否有能力在一次失败后立即振作起来，这通常取决于你有多少压力需要释放。有时，创始人在创业团队中承担着大部分压力。虽然创业公司对所有创始人来说都很有压力，但没有谁比成为投资者托付资金的人承受的压力更大。

很可能，特别是如果你是创始人，你需要一些时间来减压。这是一个旅行和自我发现的好时机。

我记得一位游戏公司高管决定投身手机游戏市场。像许多创办自己公司的人一样，他是在市场经历了超热阶段并逐渐成熟之后加入这个领域的，但他的创业没有成功。后来他告诉我，他当时只想蜷缩在床上，6个月不出门。但他最终还是在硅谷最著名的巨头之一（即谷歌、脸书）找到了一份高薪的工作。他的经验非常宝贵，他们给了他一个他无法拒绝的条件。

好消息是，在拥有创业经历之后，你通常有资格在邻近市场的许多科技公司找到一份相当不错的工作。如果这些公司在硅谷，他们很可能会因为你的创业经历而为你提供一个重要职位。

这个建议之所以是一个建议，只是因为，当创业公司经营不顺时，我们许多人会一时冲动地说："哇，我很高兴这一切都结束了。我不会很快再做这种事了！"

如果你是已婚或有一个家庭，你要对家庭经济负责，这将成为一个更为明显的因素。在2000年互联网泡沫崩溃之后，创业之地的一则笑话是"B2C"意味着"回到咨询业"，"B2B"意味着"回到银行业"，在这两个行业，你可以有稳定的薪水来支付抵押贷款和家庭开支。

迟早，经过一段时间的休息（是的，在一家大公司工作可能会有压力，但与承担创业公司的全部负担相比，它肯定可以提供一段"休息"的时间），大多数创业者会再次找到当初让他们进入创业之地的能量。

他们开始感觉到"历险的召唤"，就像大多数伟大的故事一样，他们认为有续写新篇章的空间。

这种情绪通常会从"我肯定不会再做一次"变为"嗯，上次我知道的不多，现在我知道得更多，为什么不再做一次——也许这次就做对了。"

当然，你没有办法保证你能"做得对"。每个创业公司都不一样。就像温斯顿·丘吉尔在第二次世界大战时曾说过，他们不会重蹈上一次世界大战（即第一次世界大战）的覆辙，但他们可能会犯完全不同的一系列错误！

当你创业成功时

让我们来看另一种情况：你的公司会卖很多钱。什么是很多钱？那就要看你了。在我23岁创办我的第一家公司时，100万美元似乎是世界上所有的钱。今天，如果你只有100万美元，在硅谷甚至连房子也买不起！

尽管如此，我还是忍不住想说："哇，我很高兴这一切都结束了，我希望再也不用经历这一切了！"如果公司被成功出售，这种想法通常会变得非常强烈。如果它卖了一大笔钱，你会突然发现自己财务独立了。有什么能驱使你去做另一家创业公司呢？

我也看到过创业公司成功退出后完全不同的反应：一些创业者忘记了所有的痛苦和压力，想马上再成立一家公司，他以为几年后再卖掉公司，就能赚回同样多（或更多）的钱。但这不是最好的决定，从来不是！

让我们以特里普·霍金斯（Trip Hawkins）为例，他是世界上最大的游戏公司之一——艺电公司的创始人。特里普之后又回到游戏领域，成立3DO公司。由于他是一位成功的创业者，他为3DO募集了大量资金，但最终失败了。在你完成一次成功退出，又开始新项目时，这种"过度自信"和人们愿意向你倾注资金的情况在创业之地经常发生。

市场在哪里

通常，当一个创业项目进展顺利时，我们会看到一些创业者想回到刚刚退出的市场。毕竟，他了解市场，知道它处于火爆的阶段，所以为什么不返回来再做一次呢？

在我们出售了移动社交游戏工作室Gameview studio之后，移动游戏市场仍然非常火爆。相较于我的其他一些创业公司（我们的产品已经推出，虽然我们在成长和管理问题上遇到些困难，但我们真的不必担心创业公司在重大问题上出错，如产品/市场适配度有误），Gameview studio是一家相对容易成功的创业公司。所以，我们认为明智的做法是，趁着收获还不错的时候再返回去，下次会做得更好。

但你要明白，关于创业公司的永恒事实是，没有哪个市场是一成不变的。市场发展时，如创业市场的生命周期所示，创业者的机会会随着市场的变化而变化。

如果你很快就返回去，那么你可能正好赶上“成长”或“过热”阶段结束，并进入“成熟”阶段。如果是这样，你会发现自己要与许多盘踞在那里的竞争对手竞争，上一次你轻视了这些竞争对手，这一次要想与他们竞争，需要花费很大的成本。

在我2012年重返手机游戏领域时，就发生过这样的事。市场正在从“超热”走向“正在成熟”，虽然仍有整合，但新的创业公司要想在没有大量资金的情况下参与竞争，就变得非常困难。

另外，当我在2010年创办第一家手机游戏公司时，手机游戏的制作速度非常快。平均来说，游戏都是用几个月的时间、花很少的钱就完成了。

到了2013—2014年，情况已经发生改变。手机游戏的制作成本越来越高，用户正期待完美的用户体验，用户获取的成本也越来越高，以至于让人望而却步。许多开发者都在寻找那些有钱去推销他们游戏的发行公司，我当时觉得真希望自己没有这么快就重返游戏行业。

随着市场的发展，你进入市场的策略也会发生显著的变化。即使你成功了，你也会发现自己并不像在目标市场的早期阶段那样享受市场的新阶段。这正是少许自我认识派上用场的地方（见“陷阱2：创业动机就是多赚钱”）。你想从创业历险中得到什么呢？

创业成功的秘密20

在重返市场之前，给自己和市场一些时间减压。

如果你已经完成了一次创业，不管它是倒闭了，还是被卖了，或者是你把它留在了一个精彩的首次公开募股（IPO）的路上，什么时候再重新创办另一家公司，并没有一个正确的答案。

我可以保证的一件事是，即使你发誓再也不创业，你还是可能在某个时候再次听到历险的召唤。你可以像古代神话中许多英雄听到召唤时所做的那样——拒绝召唤，但这呼唤声太诱人了。

我通常建议所有想循环创业的创业者在两次创业之间休息一段时间。如果他们在经济上能负担得起的话（即使他们不能负担，以后也总有时间找到工作），我从来没有见过一个创业者后悔休整。

创业是艰难的，即使你不觉得自己需要减压，我可以保证你也需要经历一些减压过程。那些说自己不需要减压的创业者通常是最需要减压的。

花时间休整——即使只是一两个月或6个月，这也会给你一些时间了解市场走向。服务指标公司的联合创始人兼CEO汤姆·希利（Tom Higley）告诉我，他花了近5年的时间来休整，专注于音乐和家庭。这是一段很长的时间，但这一切都取决于你的优先顺序是什么，以及你做出什么样的选择（服务指标公司在科技繁荣的高峰时期以2.8亿美元的价格卖给了网络托管公司Exodus公司。有这样的成功退出，他肯定有选择权）。

休息这么长时间的一个好处是，汤姆完美错过了繁荣多年后的“萧条”！

如果说本书有一个核心概念的话，那就是创业市场的演变。如果你了解**创业市场的生命周期**，你就能很容易地知道下一波浪潮将出现在哪里，并拥有多家成功的创业公司。

如果你真的觉得在经过一段时间减压后，你已经到了重返的时候，那么欢迎加入“循环创业者俱乐部”——甚至“平行创业者俱乐部”！

你们中那些不止一次听到历险召唤的人会意识到，创业之地并不是一个遥远的神秘之地。

这是你的天性，你不能远离。

欢迎回家。